跨境电商创业实务研究

李书华 ◎ 著

吉林出版集团股份有限公司

图书在版编目（CIP）数据

跨境电商创业实务研究 / 李书华著． — 长春 ：吉
林出版集团股份有限公司，2021.11
ISBN 978-7-5731-0639-1

Ⅰ．①跨… Ⅱ．①李… Ⅲ．①电子商务－创业－研究
Ⅳ．①F713.36

中国版本图书馆 CIP 数据核字（2021）第 234825 号

跨境电商创业实务研究

著　　者	李书华
责任编辑	陈瑞瑞
封面设计	林　吉
开　　本	787mm×1092mm　　1/16
字　　数	220 千
印　　张	9.75
版　　次	2021 年 12 月第 1 版
印　　次	2021 年 12 月第 1 次印刷

出版发行　吉林出版集团股份有限公司

电　　话　总编办：010-63109269

　　　　　　发行部：010-63109269

印　　刷　北京宝莲鸿图科技有限公司

ISBN 978-7-5731-0639-1　　　　　　　　　定价：79.00 元

前　言

　　跨境电商作为一个新兴业态，在"互联网＋"背景下迅速发展与壮大，给许多拥有创业梦想的学生提供了机会和媒介，为高职院校提供了创业型人才培养的机遇与挑战。本研究通过构建跨境电商创业型人才能力素质模型，探讨跨境电商创业型人才所需的能力和素质特征，并就高职院校如何培养跨境电商创业型人才提出改革课程设置，构建跨境电商创业型人才培养课程体系；创新人才培养模式，营造良好的跨境电商创业氛围；寻求校企深度合作，发挥跨境电商企业在创业型人才培养中的作用等对策建议。

　　一方面，跨境电商创业具有创业成本低、手续简单、交易便捷、利润较高、准入门槛低等特点，加之各级政府部门相继出台了一系列促进跨境电子商务发展的有利政策，这些优势为学生开展跨境电商创业提供了一定的机会。而另一方面，随着跨境电商蓬勃发展和行业愈加成熟，越来越多的企业和个人加入跨境电商行业，行业竞争日益加剧，行业规范化程度越来越高，这也为学生开展创业活动带来一定的挑战和风险。对于跨境电商创业型人才来说，其能力、知识和素质指标要求与岗位应用型人才存在一定差异，因此，高职院校在培养跨境电商创业型人才时，也要针对跨境电商创业型人才能力素质要求运用不同的培养途径与模式。

　　充分发挥跨境电商企业在跨境电商领域的资源优势，校企共同培养跨境电商创业型人才。企业可参与学校跨境电商创业型人才能力素质模型的构建与优化，参与跨境电商创业型人才培养课程体系的开发与设计，参与跨境电商创业型人才培养模式的探索与运作；企业可选派具有丰富跨境电商业务经验的员工担任创业指导教师，指导学生创业团队的创业实践活动；企业可采用项目合作的形式，为学生创业团队提供信息、资金、物流等优势资源，解决学生在创业过程中碰到的产品、资金等后顾之忧。

作　者

2021 年 3 月

目录

第一章　跨境电商的理论研究

第一节　跨境电商平台发展问题

科学技术和信息全球化的不断进步和发展，使电子商务行业越来越受到广大人民群众的青睐，伴随着互联网技术的全球化，通过网络实现全球范围内的普遍联系，国际电子商务的发展速度也是与日俱增，跨境电子商务的发展已经成为促进我国经济发展的主要增长点，逐渐成为我国的一个经济支柱型产业，给外贸市场注入了新的活力。跨境电商对于促进我国经济发展，发挥了巨大的推动作用。基于此点，本节就跨境电商中出现的问题和现状进行研究和分析，进而对跨境电商发展中遇到的问题进行分析和阐述，并提出相关的意见和对策。

作为一种新型的经济增长模式，跨境电子商务的发展时间并不是很长，但有着极大的发展前景和上升空间，无论是对大型上市企业还是中小型企业的发展都有着巨大的推动作用。抓住跨境电子商务的发展机遇，对于提高企业的知名度和经济效益的提升有着极大的帮助。跨境电子商务的发展，要求我们加快专业型人才的培养，建立完善的跨境电子商务法律法规和相应的关税系统，加大对跨境电子商务的监管力度，并建立健全跨境电子商务金融服务体系，使我国的跨境电子商务得到长远稳定的发展。

一、跨境电商概述

跨境电子商务的定义。跨境电子商务的定义在百度百科中是指分属于不同关境的交易主体，通过电子商务的平台完成交易、进行电子支付结算，并且通过跨境物流完成商品交易的一种具有国际性质的商业活动。

跨境电子商务的特征：

全球性（Global Forum）。全球性是指通过网络将全球连接在一起，网络是无边界的媒介体，全球性和非中心化是其主要特征。与传统的交易方式相比，电商的一个重要特点是不受地理环境因素的制约，是一种没有边界的交易方式。用户利用互联网就不需要考虑跨越国界的问题，就可以将具有高附加值的产品和服务投放到市场进行交易。网络的全球性特征具备的最积极的影响便是实现了信息在最大限度上的共享。

无形性（Intangible）。跨境电商的无形性特征指的是可以利用网络进行虚拟的产品交易或服务。网络的发展促使了数字产品和数字服务的盛行，数字化的传输模式是通过不同的媒介进行的，如声音、图像和数据等；可以在全球化的网络环境下集中进行，用于数字化的传输媒介在网络中以计算机数据代码的形式出现，所以它是无形的。

匿名性（Anonymous）。由于跨境电子商务具有全球化和非中心化的特征，所以用户很难识别电子商务用户的具体地理位置和身份信息，在线交易的消费者对于自己的身份信息和地理位置往往会有所隐藏，因为在交易的过程中，身份信息和地理位置丝毫影响不到交易的正常进行。

跨境电商的模式分类。跨境电子商务的主要模式分为 B2B 和 B2C 两种模式。B2B 指的是企业对企业，在这种模式下，企业通过电子商务完成广告信息的发布，交易的成交和通关等流程基本上是在线下完成的，它的本质仍然属于传统贸易的范畴，并纳入了海关的一般贸易统计中。

二、跨境电商发展中遇到的问题

跨境电子商务法律法规不健全。跨境电子商务法律法规的不健全，严重阻碍了跨境电子商务的发展。主要体现在以下几方面：

对于跨境电子商务的发展未能制定出相应的法律法规，使其健康有序地发展，会受到社会各界人士的猜疑和嫉妒。

跨境电子商务的发展需要良好的社会环境和广大人民群众的支持，部分人认为电子商务具有一定的欺骗性质，虚拟的交易方式给人一种不安全感，得不到社会各界的支持和认可，即使有政府的政策支持，也无法平息社会上的不支持意见。

受跨境电子商务自身特点的影响，如果不制定出相应的管控政策，会使偷税漏税的现象频繁地发生，使国家的财政收入受到影响，同时也会助长电商的一些违法行为。

关税系统与跨境电子商务不相适应。关税系统与跨境电子商务的不相适应，主要体现在未能形成完善的关税系统，关税是对进出口货物的一种查验和检测，防止走私违禁物品或是大宗货物流入国内，对社会安定造成一定的威胁。同时也是防止大宗货物的违法流入或流出，进而造成一定的经济损失，跨境电子商务具有即时性的特征，它可以通过网络进行数字化的传输，各种交易记录以计算机数据代码的形式呈现出来，这对于关税的收取具有很大的威胁，所以说关税系统亟须更新换代，以适应跨境电子商务的发展进程。

监管政策不健全。监管政策不健全的现象主要源于不能制定出严格的法律法规，社会主义的安定和团结，离不开法律的支撑，同样跨境电子商务的健康有序发展也离不开法律的支持和保证。不健全的监管政策会使各种违法现象出现，如未经法律许可私自走私违禁物品，或是利用虚拟的网络交易平台进行各种地下交易等。监管政策的不健全主要体现在它的监管力度不是很大，政府对于跨境电子商务的监控只是停留在表面，对那些违法经营的跨境电子商务不予严厉的追究和惩罚，不能建立起一套完善的监管体制，并出台一套相应的法律法规用以约束跨境电子商务的日常经营。

专业人才匮乏。任何一个行业的长远发展都离不开人才，所以说21世纪什么都不缺，缺少的只有人才，而且是有着专业技术的专业人才。跨境电子商务的发展，离不开计算机通信技术的发展，而对于技术的研发，需要大量的专业型人才作为支撑。恰好跨境电子商务在发展过程中遇到了专业人才匮乏这一现象，主要原因是跨境电子商务终究是商业活动，懂得经商的人才不一定晓得计算机通信技术的具体应用，这就造成了在电子商务发展的进程中出现不合理的现象，懂技术的不懂经营管理，精通管理的不懂技术，而跨境电子商务的发展，需要的是既懂管理又懂技术的复合型人才。专业人才的匮乏极大地阻碍了跨境电子商务的持续发展。所以对于专业人才的培养，应该得到极大的重视。

跨境电子商务支付体系不健全。跨境电子商务支付体系的不健全，会使交易双方在交易的过程中出现资金纠纷。由于跨境电子商务支付面临的是国际性的贸易，相对于国内的第三方支付平台系统更加复杂，而且存在着诸多的问题。

国家政府并没有对第三方支付系统做出相应的法律法规的支持，也没有明确跨境电子商务支付的范围，加上监管部门的监督力度不够，造成了跨境电商在支付上出现问题。

跨境电子商务属于跨境消费，各个国家及地区的汇率存在着差异，由于双方是通过第三方支付平台进行交易，就会使交易双方不能清楚地知道对方的金融发展状况，加上跨境电子商务的网络平台具有虚拟化的特征，这就使非法集资成为一种可能。

跨境电子商务的发展，使我国产生了众多的第三方支付平台，伴随着支付平台的开展，个别的非法机构乘虚而入，这就导致资金支付存在一定的安全隐患问题。

三、完善跨境电子商务的主要策略

完善跨境电子商务法律法规。对于跨境电子商务法律法规的完善有着极其重要的作用，它可以消除来自社会上的各种舆论，促进电子商务行业的全面发展。

根据国内国际市场的变化，国家政府在宏观上制订出相应的发展战略计划，使我国的跨境电子商务行业可以健康有序地发展。

制定相应的奖惩机制，对于那些经营状况良好、按时交纳税收的企业予以一定的口头肯定或是政策扶持，促进其积极健康地发展电子商务行业；同时对那些不良的跨境电商进行严格的批评教育，情节严重的要采取法律措施。

积极鼓励跨境电子商务行业的发展，为其争取大量的政府补助和政策支持，促进跨境电子商务行业的良性发展。

建立与跨境电子商务相适应的关税系统。关税系统的建立和完善，对于监管跨境电子商务的发展有着至关重要的作用。它的建立可以有效控制电子商务行业的发展，达到与时俱进的效果。同样，建立与跨境电子商务相适应的关税系统，是为了适应快速发展的跨境电子商务行业。随着科技的进步，关税系统应该做到实时更新，可以对电子商务进行实时监管和控制。这就需要加大对关税系统研发更新的投资力度，使其可以跟上跨境电子商务发展的脚步，有效避免各种偷税、漏税、避税现象，合理维护我国的国际形象和市场秩序。

加大对跨境电子商务的监管力度。加强对跨境电子商务的监管力度需要从源头入手。首先，应该建立健全完善的信用机制，因为跨境电商面临的是国际市场，它涉及的范围更加的广泛，所带来的影响也十分巨大，为了不影响到我国的国际形象，加强信用机制的建设极其重要。同时加大监管力度，因为跨境电子商务的消费具有国际性，而每个国家的实际情况有所不同，对于电子商务的监控力度也有所不足，所以政府应该根据自身的收集情况，对电子商务行业进行严格的监管，对于那些危害社会安全的跨境电子商务行业，予以严厉打击。

培养专业的跨境电子商务人才。对于专业人才的培养，国家和政府应该加大重视度，从资金和政策上强化跨境电子商务人才的培养，时代的发展需要人才的推动，电子商务的发展同样需要人才。储备大量的综合型人才，使其与时代发展、电商发展形成鲜明的呼应。除了国家的政策、资金扶持外，跨境电子商务企业也应通过自身的渠道，培养大量的专业性人才，积极开展自身的企业文化培训，提高员工的整体素质，以促进企业的长远发展。关于人才的培养，要注重其自身的能力以及是否具有培养的价值，是否可以对公司做出贡献。定期开展各种各样的专业培训，提高员工的专业技能和素质，在培养专业人才的过程中，不可急于贪功，忽视他们自身的发展空间以及企业的实际状况，要清楚地了解到这些人是否具有上升空间，是否可以为企业创造价值，进而减少资金投入。

健全跨境电子商务金融服务体系。建立健全完善的跨境电子商务金融服务体系需要做到如下几点：

对于第三方支付系统的完善采取用户实名制，要求用户在注册的时候要对其身份信息进行严格的核对审查，对那些采用虚假信息注册的用户不予通过，从用户这一方面降低电子支付的安全隐患。

第三方支付平台要不断地完善自身的各种服务体系，加强与各大银行之间的交流合作，让银行可以对电子商务支付的过程进行全面的监督，进而提高支付的双重安全性。同时，第三方支付平台也应加强自身技术的完善，防止各种病毒的入侵，确保支付环境的安全。

监管部门应该加大监管力度，发现第三方支付平台出现违规操作的现象要及时制止和处理，第三方支付平台与银行之间建立完善的跨境消费制度，以避免操作漏洞。

跨境电子商务还处在一个不断发展进步的过程当中，为了适应多变的国内国际市场，应该加快我国跨境电子商务的进程，抓住这一发展机遇，迅速打响我国跨境电子商务的知名度，促进我国经济的持续增长。在发展跨境电子商务的进程中，不断开拓进取，引进先进技术，大力培养相关的专业性人才，使我国的电子商务在激烈的国际竞争中，取得巨大的优势和成就，成为我国经济发展的又一支柱型产业。

第二节　跨境电商产业价值链驱动

跨境电子商务是一种新兴的贸易方式，在我国取得迅速发展，对国民经济以及进出口贸易产生了深远影响。本节以"国家跨境电商试验区"为视角，对跨境电商的价值逻辑、驱动因素进行分析，并提出价值链升级路径。

一、问题提出

李克强在《政府工作报告》中强调，要促进跨境电商等新业态发展，提振经济发展新动能。2012年，我国设立了第一个自由贸易试验区——上海自由贸易试验区。2015年，国家已经批准设立杭州、天津、上海、广州等13个跨境电商综合试验区；2018年，国家又新设22个跨境电商综合试验区，至此"国家跨境电商试验区"达35个。因此，基于"国家跨境电商试验区"营商环境创新治理的视角，研究"跨境电商产业价值链升级"问题具有理论意义与应用价值。

二、跨境电商发展研究现状与价值

研究现状。国内对这方面的研究，主要集中在跨境电商模式、供应链重构、人才培养等方面。如基于公共海外仓的跨境电商物流产业链共生耦合模式与机制，跨境电子商务对我国进出口贸易影响的实证分析，产业融合背景下的跨境电商与物流产业链融合发展分析，跨境电商公共海外仓服务价值共创动力机制研究，国际贸易融资对我国全球价值链提升的影响分析；价值链视角下跨境电商出口物流模式发展研究，基于空间统筹视角下跨境电商产业规划初探，跨境电商产业生态系统与发展对策研究，跨境电商产业发展与人才培养模式融合；跨境电商平台金融发展的逻辑及其金融功能深化（田剑英、王剑潇，2016），金融互联互通支持中小企业跨境电商发展探索——基于我国与"一带一路"沿线国家和地区经济发展的思考，产业转型视角下物流产业链与跨境电商的融合发展；国际贸易融资对我国全球价值链提升的影响，国际贸易融资业务对价值创造水平提升的实证研究，产品内分工下的加工贸易价值链提升研究。国外研究主要集中在影响因素、全球价值链分工等方面。

研究价值。"国家跨境电商试验区"的探索发展，需要体制、机制的创新，需要营商环境、产业规章制度的有效供给，需要富有活力、平等的营商环境作为支撑，将促进跨境电商产业的价值链升级。具体价值是：

提升跨境电商产业发展理论创新能力。目前，全球跨境电商每年以20%以上的速度增长。2011—2016年跨境电商的平均增速为30.8%，跨境电商在我国进出口贸易（尤其是出口贸易）中的比重逐渐上升。中国电子商务研究中心发布的《2017年度中国电子商务市场数据监测报告》显示，2017年中国电子商务交易规模为28.7万亿元，同比增长24.8%；跨境电商交易规模为8.1万亿元，同比增长20.3%；预计在2020年，我国线上零售渗透率和总价值，将分别达到22%及10万亿元。2018年以来，跨境电商行业迎来利好，"进博会"及相关政策出台，促进跨境个性化、高品质的消费需求发展潜力释放。据艾媒咨询数据显示，2018年中国跨境电商交易规模达到9.1万亿元，同比增长11.6%；用户规模超1亿元。

快速发展的跨境电商产业，其动力机理、供给侧制度改革、综合治理创新能力都需要相应理论先行和支撑，可以提升跨境电商在多边贸易框架下的产业链、全球价值链自主可控能力及产业竞争力，对跨境电商营商环境创新治理能力和创新治理路径优化提供理论依据。

提升跨境电商产业发展核心竞争力。《中国跨境电子商务发展蓝皮书》显示，跨境电商已成为国际贸易的重要支撑。例如，作为传统制造业中心的长三角，具有产业发展的先天优势，"领跑"了跨境电商发展。其中，跨境电商企业数量，江苏、上海、浙江分别位列第二、第四、第五位；跨境电商交易额，江苏、浙江、上海位列第二至四位。在跨境电商产业发展过程中，江苏提出要加快产业转型升级，鼓励扩大先进技术设备和关键零部件进口，推动高新技术产品和产业走出去，以产业升级撬动跨境电商转型升级。

跨境电商产业是现代产业体系的"动脉"产业，对跨境电商的深入研究，需要结合"国家跨境电商试验区"的创新实践，对跨境电商产业链驱动下的国际贸易价值链位势提升路径进行研究，促进我国跨境电商多边贸易发展，提升跨境电商全球价值链的国际控制力及国际贸易价值链向高端环节攀升，对我国国际贸易结构调整和转型升级起到推动作用。

提升跨境电商产业发展综合治理能力。我国大力促进跨境电子商务的发展，在跨境电商的政策方面，以"促进＋优化"为策略，加大法律体系、市场体系、诚信体系等支撑体系建设；创新制定针对跨境电子商务发展的通关、商检措施；使跨境电子商务的监管符合信息化与智能化要求，逐步建立起政府与行业、制度与规范、普适与专项相结合的多层次监管体系；加大与主要跨境零售出口市场在数据流动、市场准入方面的协同，支持通过现代化物流技术、区块链技术实现跨境产业便捷化，构建起优质、高效、创新、诚信的可持续发展跨境电子商务高效治理生态圈。这些创新举措，需要"国家跨境电商试验区"营商环境的治理创新及"放管服"供给侧改革，探索出高效的创新治理路径与对策。

三、跨境电商产业发展驱动因素

世界银行发布的《全球营商环境报告2020》指出，中国营商环境全球排名继2018年从此前的第78位跃至第46位后，2019年再度提升，升至第31位，跻身全球前40，连续两年入列全球优化营商环境改善幅度最大的十大经济体。在跨境贸易指标中，通过实行进出口货物提前申报、升级港口基础设施、优化海关行政管理和公布收费标准等措施，简化进出口程序。建立了具备"通关＋物流"功能的国际贸易"大平台窗口"。跨境贸易指标上升9位，位列全球第56位。发展过程中，其驱动因素包括：

政策红利驱动。2013年，《国务院办公厅关于促进进出口稳增长、调结构的若干意见》（国办发〔2013〕83号）指出，积极研究以跨境电子商务方式出口货物（B2C、B2B等方式）所遇到的海关监管、退税、检验、外汇收支、统计等问题，完善相关政策，推动跨境电子商务发展；《关于实施支持跨境电子商务零售出口有关政策意见的通知》（〔2013〕89号）指出，确定电子商务出口经营主体，实施适应电子商务出口的税收政策，建立电子商务出口信用体系。2014年，《关于支持外贸稳定增长的若干意见》（〔2014〕19号）指出，支持外贸综合服务企业发展，出台跨境电子商务贸易便利化措施。2015年，《关于加快培育外贸竞争新优势的若干意见》（〔2015〕9号）指出，要大力推动跨境电子商务发展，积极开展跨境电子商务综合改革试点工作，培育一批跨境电子商务平台和企业，大力支持企业运用跨境电子商务开拓国际市场。鼓励跨境电子商务企业通过规范的"海外仓"等模式，融入境外零售体系；《关于大力发展电子商务加快培育经济新动力的意见》（〔2015〕24号）指出，要以互联网电子商务经济促进经济发展；《关于积极推进"互联网＋"行动的指导意见》（〔2015〕40号）指出，到2018年，互联网与经济社会各领域的融合发展进一步深化，网络经济与实体经济协同互动的发展格局基本形成。《关于促进跨境电子商务健康快速发展的指导意见》（〔2015〕46号）指出，要支持各地创新发展跨境电子商务，引导本地跨境电子商务产业向规模化、标准化、集群化、规范化方向发展。2016年，《关于深入实施"互联网＋流通"行动计划的意见》（〔2016〕24号）指出，"互联网＋流通"将加快互联网与流通产业的深度融合，将推动流通产业和电子商务产业的转型升级。另外，国家部委也相继发文规范和促进跨境电商的发展。2018年以来，跨境电商行业迎来政策性利好，电商法及跨境电商系列政策的出台促进了跨境电商行业发展。此外，提高个人跨境电商消费限额、"国家跨境电商试验区"的扩容，为跨境电商产业高质量成长营造了良好的营商环境。

平台运营驱动。跨境电商平台主要有B2C、B2B、C2C三种商业模式。专家预测跨境电子商务可能在未来成为国际贸易模式的主流，是我国外贸经济的主要驱动力。国际B2C跨境电商平台主要有速卖通、亚马逊、eBay、Wish、兰亭集势、敦煌；进口跨境电商平台主要有洋码头、天猫国际、苏宁云商海外购，以及网易考拉海购；国际本土化跨境电商平台有Flipkart（印度）、walmart（沃尔玛）、yandex（俄罗斯）、newegg（美国新蛋网）、trademe（新西兰）、mercadolivre（巴西美兰卡）等。

跨境电商平台开设线下体验店，将渠道从线上发展到线下，开启"线上＋线下"全渠道模式。艾媒咨询分析师认为，这种模式能够将线上产品信息与线下用户体验相结合，拉近与用户之间的距离，提高用户互动频率，促进用户购买，可以提升品牌知名度，促进跨境电商产业发展的价值链升级；跨境的"海淘"用户越发重视商品品质，溯源体系的建设、完善以及正品"保障度"成为跨境电商企业赢得客户和持续发展的关键。

供应链整合驱动。跨境出口电商已进入稳健增长阶段，供应链升级是跨境出口的重要推动力量。跨境交易中，电商的交易达成可以通过互联网信息平台进行，但最终货物的转移仍然离不开现代物流。跨境物流运输是跨境电子商务活动的最终环节，也是关键环节。

从实际跨境物流来看，集装箱海运适用于跨境大额贸易，而普通国际快递、跨境 B2C 企业集运、第三方物流仓储集运和海外仓储等方式，更加符合跨境电子商务活动的商品运输需求。跨境电商企业加强在人工智能和大数据技术在跨境电商供应链中的应用，智能机器人分拣中心、自动化智能物流仓库、人工智能客服、基于大数据的精准消费分析等先进技术，可以降低跨境企业的人工服务成本，持续助力跨境电商行业发展与价值实现。跨境电商企业与国外品牌的合作，不断强化对其上游供应链的整合与管理，物流仓储等配套服务进一步降低物流运输成本与仓储成本，跨境电商平台之间的竞争逐渐由原来的销售竞争向供应链竞争转变。

支付创新驱动。在跨境电商发展中，便捷支付是关键，但是目前没有一家企业可以打造一个全球通用的支付体系，从发展趋势来看，支付场景丰富化、便捷化、安全高效的支付渠道会受到用户的信赖。第三方支付平台受到了越来越多的认可，赢得了用户信任。我国金融政策的宏观引领，一定程度上促进了跨境电商支付方式的变革，大型电商进行跨境电商支付渠道建设，构建一个便捷、稳定且安全的支付渠道成为跨境电商提升价值链的主要措施。但是，我国跨境支付方式与国际跨境支付主流渠道比，在境外支付领域中的影响还较小。由于跨境支付平台没有很好地嵌入跨境检验和关税因素等监管环节，假货、维权困难、捆绑搭售等乱象滋生，一定程度上制约了支付方式变革驱动跨境电商价值链的升级，支付方式创新及区块链技术在跨境支付方面的应用是驱动跨境电商发展的重要力量。

四、跨境电商产业价值链升级路径

品质化＋专业化。跨境出口电商发展趋势是传统外贸制造业企业与互联网结合的转型，线上线下 O2O 加速了融合；竞争由价格优势向服务提升、品牌化转变，人力、物力成本优势减弱、商品价格优势降低；跨境电商品牌从海量销售向以精品、爆款销售为主，运营模式的精细化运作将成为主流；大数据将成为各类电商平台提升精细化运营能力的主要手段；由流量争夺转向服务体系的竞争，竞争点以提高销量、抢占更多市场份额为主；跨境电商企业及相应的服务商向产业链、价值链的高端环节不断延伸，加速建设本地化的供应链服务体系；跨境进口电商发展趋势是跨境消费不断普及、趋向品质化、走向规范化，消费者从以往的价格敏感转向了品质敏感，越发关注商品的品质。跨境出口 B2B 品牌化日益被重视，加大技术与产业创新，打造技术领先、性能优异、用户体验好的产品，孵化更多的"出海"品牌或企业已成为出口电商的主打战略，加快产品全球品牌化建设，通过品牌溢价来提升跨境电商产品价值链位势。

"互联网＋智慧物流"。电商对产业发展的渗透率不断提升，传统国际贸易加速转型，驱动着跨境电商爆发性增长；在多边贸易逻辑下，减少了国际贸易摩擦，提升了多边贸易成效，跨境电商平台取得长足发展，各大平台公司在当地及国际区域建立"海外仓"，是跨境电商智慧物流的支撑战略，是跨境电商国际产业布局和价值链跃升的重要路径。2018年开始，跨境电商企业自建独立"物流站"趋势明显，通过自建独立的"物流站"方式，可以更好地服务于当地用户，增强客户黏度。跨境电商的核心竞争力支撑要素之一，就是高效、便捷的智慧物流，"互联网＋智慧物流"体系建设的优劣，将决定着跨境电商产业参与全球价值链分工的国际竞争力。

产业链融入＋协同。我国着力建设高水平的开放型经济体系，跨境电商产业发展有着广阔的空间。跨境产业发展融入全球价值链协同合作，参与"一带一路"倡议项目的分工，可以提升跨境电商产业化创新水平，提高价值链参与国内外市场竞争的能力，提高跨境电商产业、企业高质量发展水平，提高"国家跨境电商试验区"的创新治理能力，增强全球价值链新"链主"的发展壮大，从而提高跨境电商产业在全球价值链中的位势与控制力，有利于打造全球价值链的"中国朋友圈"。全球价值链的各方利益诉求是共赢的，而我国作为产业发展的后发优势国家，尽管在很多方面已显示出世界一流水平，但在全球价值链、产业链、创新链及供应链等环节上，资源要素的集聚能力还是不强，跨境电商产业的整个"链条"统领性有待提高，需要融入全球产业链协同共治、共享，进行产业的横向联合和价值链的纵向整合，培育及壮大国际市场，提升全球市场占有率，促进价值链不断成长升级，进一步提升跨境电商产业开放度，主动对接国际标准，研发引领性的技术、标准及工艺，用"中国模式"培育我国主导的新的跨境电商产业链与价值链领域。

国家强化"国家跨境电商试验区"的功能，推广复制创新经验，主动参与国际组织关于电子商务规则、条约、标准的研究和制定，鼓励各类跨境电子商务综合服务商发展，鼓励电子商务企业走出去建立海外营销网络，鼓励国内企业与境外电子商务企业联合运营。通过跨境电商产业品质化＋专业化、"互联网＋智慧物流"、产业链融入＋协同等路径的推进，可以促进跨境电商产业的供应链、价值链和资源链的协同发展。

第三节 "跨境电商＋服务中心"模式

现阶段正值我国脱贫攻坚任务最重要的时期，跨境电商已成为各级政府帮助地区人民实现脱贫致富的主要方式和途径。尽管有非常多的模式用以和跨境电商结合，但是在服务于贫困人口的深度和广度上都稍显乏力。而本节所提出的"跨境电商＋服务中心"模式可以很好地解决这些问题，帮助产品上行，满足贫困人口的需要，更好地助力脱贫攻坚。因此本节将围绕"跨境电商＋服务中心"模式的运作机制、促进乡村地区跨境电商的发展、助力脱贫攻坚等展开相应的讨论。

乡村地区从事农产品生产的人口较多，但农民对各种生产产业了解不足，形成市场经营主体困难。地域、季节以及市场都对农业的发展具有较大的影响。在这种背景之下，采用"跨境电商＋服务中心"模式，利用跨境电商技术，整合各方资源，将很好地推动我国乡村地区经济发展的市场化、现代化。所以，研究和细化服务中心的理念，是一个有研究价值的课题。

一、构建"跨境电商＋服务中心"模型的意义

大大提高乡村地区发展跨境电商的深度和广度。在众多乡村发展跨境电商的模式中，我们不难发现跨境电商服务的深度和广度还是不够，很多县的跨境电商只着重于发展已经形成一定规模的品牌和产品，而那些没有从事规模产业的农民很难感受到跨境电商带来的好处，他们可能仍卡在贫困线下。但"跨境电商＋服务中心"模式完全可以提供这种深度和广度。服务中心能提供可信赖的电商平台，帮助农民把生产加工的各种各样的产品推向市场。除此之外，后续在技术、资金上服务中心也可以对其有所支持，可以全方位成体系地为农产品个体户提供所需要的各种服务。

推动我国乡村地区的经济发展现代化。目前，我国仍是农业大国，农村经济在我国国民经济中占有重要的地位。随着科学技术的进步，传统的经营模式和发展理念在当下稍显不足，跟不上乡村地区经济发展的需求。而跨境电商可以提供乡村地区和世界市场之间的桥梁，并且加上服务中心所提供的一系列保障服务，可以更好地推动我国乡村地区经济发展的现代化，助力乡村振兴。

二、"跨境电商＋服务中心"模型运作机制

鉴于该模型在乡村振兴战略上具有积极的促进意义，那么研究该模型是怎样运作的以及怎样更好地服务于地区发展跨境电商是非常有价值的。因此，将具体介绍该模型的运作框架以及相关保障机制。

运作框架。"跨境电商＋服务中心"模型所涉及的主体包括农产品个体户、服务中心（政府机构）、跨境物流。农产品个体户是该模型主要的服务对象和获益者。服务中心是一个专门办理乡村跨境电商业务的政府机构，用来满足地区发展跨境电商的各种需求。跨境物流是实现跨境交易的基础支撑，物流的水平和交易双方对物流的满意度会直接影响跨境电商的发展。

其中服务中心是整个模型的核心，提供平台搭建、人才培养引进、政策支持、金融保障等服务。本模型的平台搭建是由政府牵头，电商企业参与来共同完成。政府与电商巨头企业签约，购买平台搭建的服务，既节约资金，又效率显著。电商企业则可以得到政府的支持甚至补贴，并且所获得的业务也会给其带来很高的利润。人才培养主要是培养高素质、具有创新精神的跨境电商专业人才及农产品技术人才等。政策支持主要是制定利于农产品跨境电商发展的政策法规，同时加强农产品的质量监管，投入资金建设相应的基础设施。金融支持主要是完成跨境支付，实现个体户与消费者之间的资金流转，并确保用户的个人

信息安全及资金安全及为个体户的发展提供相应贷款。

主要运作机制构建。随之而来的就是解决三大主体之间的不平衡、不对等的问题，因此建立协同机制来保障模型的运行。

线上线下协同机制。线上部分建立跨境电商平台进行网络营销，并规模采集线上用户信息和交易数据，开展对所采集数据的分析和应用，以了解消费者偏好和市场发展趋势。一方面，使跨境电商平台与服务中心行政机构形成利益共同体，共同进行产品和品牌的宣传推广；另一方面，让跨境电商平台为消费者提供实用的产品介绍、便捷的在线支付、真实有用的买家评价等优质在线服务。在线下，服务中心可以举办实体商品交流会，让消费者切实地了解产品，提升购物体验。线上线下的协同运作是跨境电商高效运作的重要保障。首先，应做好产品的协同，使线上产品描述和线下产品形成一致的同时提升线下产品上线率，以满足消费者的需求；其次，应做好价格协同，缩小线上与线下的价格差距，并稳定线上线下价格；最后，是物流信息协同，跨境电商平台按消费者需求提供实体门店自取或物流配送上门等服务。

服务中心与跨境电商平台之间的协同机制。服务中心与跨境电商企业之间的协同机制包括监管机制和鼓励机制。监管机制主要是政府针对跨境电商这一行业的特点而建立的与之相适应的市场监管制度，主要是对电商交易方和电商平台的监管。跨境电子商务平台交易种类繁杂，因此需要政府整合各部门资源，建立更有效的联动监管体系。与此同时需要加强电子商务交易信任机制的公权保障和健全相关法律体系，来净化电子商务市场。鼓励机制是政府提供相关政策和措施，来鼓励支持跨境电商企业积极地参与地区跨境电商行业的发展，助力乡村振兴。例如，政府可以和跨境企业合作建设地区跨境电子商务平台（豫货自营电子商务平台）、提供金融支持、专项补贴等，让跨境电商更加积极地深入乡村地区，助力脱贫攻坚。

跨境电商平台与物流的协同机制。农产品的跨境流通包括我国的境内物流、国际物流及输入国物流、海关、分拣、仓储、税务、仓储等多个环节，有时还会出现跨境逆向物流，退换货的问题。为了提高乡村跨境电商物流的效率，必须构建跨境电商平台与跨境物流协同机制，促使乡村跨境电商与跨境物流之间建立战略合作联盟，形成利益共同体。同时应完善物流网络体系、健全冷链保鲜技术，运用智慧物流、物联网等技术统筹安排国内外运输、仓储及配送等。跨境电商平台应该建立自己独立的海外仓，在销售地进行货物包装、分拣、仓储和派送的一站式控制与管理，不仅大大地降低了物流成本，提升跨境物流服务品质；而且形成物流、包装、配送等的一体化，提高农产品物流效率。最后，构建一个完善的物流信息平台，便于全程追踪监管货物动态，为消费者提供保障。

三、"跨境电商 + 服务中心"模式的保障措施

基于我国跨境电商行业发展的现状分析，"跨境电商 + 服务中心"模式的发展仍需要

面临很大的挑战。跨境电子商务行业作为近几年的新兴行业，对相关知识的匮乏导致很多人对这个行业望而却步，从而在很大程度上影响着其发展。而政府的注重规模产业发展忽略小规模产业又从一定程度上阻碍了人们对这条新路径的探寻。为了保障"跨境电商＋服务中心"模式的发展需要，可以加强人才培养，确保人力资源；提供金融保障；加大跨境电商知识普及；加强政府支持和监督。

加强人才培养，确保人力资源。专业人才的不足在很大程度上阻碍了跨境电商的发展，因此我们急需一批懂知识有能力的精英来保障其发展。在电子商务人才培养方面，我们主要侧重于两种方式。第一，差异化培训。因为地域之间各有特色，所以我们需要因地制宜地进行差异化培训。聘请专业人员对不同地区的农村跨境电商经营者进行不同程度、不同侧重的培训，补齐在技术上的短板。同时，对经营管理较好的电商企业进行奖励以树立一批行业模范，来增强普通从业者的积极性；并且可以请他们开展一些经验讲座来分享他们在发展中的经验。第二，校企助力（联系各大高校和电商巨头企业助力农村跨境电商的发展）。各大高校可以为农村跨境电商批量化输送专业性强的人才，为农村跨境电商带来技术上支持的同时，帮助农村跨境电商进行市场营销，帮助产品更好地适应市场。而电商巨头们可以为农村地区提供更为宽广的市场资源，保障其发展。

提供金融保障。发展资金缺乏大大阻碍了乡村跨境电商的发展。针对这个问题，第一，政府部门制定相关政策以给予其资金支持，向乡村跨境电商发展进行政策性倾斜。第二，金融机构适当放宽审核条件，尽可能多地提供资金支持。第三，号召本地区发展较好的有为人士回乡，带动发展。

加大跨境电商知识普及。针对农村人对跨境电商的知识匮乏问题，应安排知识分子和创业导师下乡宣传、演讲，使农村人对跨境电商的具体内涵和模式有基本的认知、扩宽眼界。让有识之士看清未来发展趋势，并鼓励其勇于创业。

加强政府支持和监管。"跨境电商＋服务中心"模式的发展不能缺失政府的支持和监管。首先，政府部门应制定利于农产品跨境电商发展的政策，构建"政府＋跨境电商平台＋个人"的三级风险管控机制和农产品跨境电子商务信息共享机制。其次，加全农产品个体户经营主体的备案登记管理制度，并简化农产品对外贸易经营、报关、出入境检验等相关手续。同时应构建严格的农产品质量监管体系和可追溯体系。国外的消费者更加注重农产品的品质，因此应尽快建立完善的跨境农产品质量认证制度、质量可追溯体系等来保障产品质量，增强我国农产品的市场竞争力。最后，投入资金，扶持农产品个体户的发展，加强县、乡、村三级电商物流体系建设。

从现今各地区跨境电商产业的发展来看，"跨境电商＋服务中心"模式无疑为乡村地区跨境电商的发展提供了一条有效可行的道路。无论是在广度和深度还是其他问题上来看，该模式都能切实解决广大人民群众在该行业所遇到各种难题和跨境电商行业发展的壁垒。因此，在全国农村范围内开设跨境电商服务中心具有非常实用的意义。相信在政府、电商平台以及广大农民的共同努力下，农村跨境电商之路会更好。

第四节　跨境电商人才需求分析

在跨境电商快速发展过程中，对于跨境电商的人才需求缺口越来越大，为更好地了解当前跨境电商人才需求状况，满足企业对跨境电商人才的要求，需要加强对跨境电商人才需求情况进行分析，通过合理的方式，对跨境电商人才进行培养，进而让跨境电商人才更好地满足跨境电商核心岗位要求，解决人才缺口问题。

为更好满足电子商务企业对跨境电商人才的需求，需要加强对跨境电商人才需求企业进行全面分析和调研，了解跨境电商企业在人才方面的需求特征和现状，结合跨境电商企业对于人才的需求，具有针对性地对跨境电商人才进行培养，全面提高跨境电商人才的综合能力和综合素质。

一、跨境电商人才需求分析

随着网络技术的不断发展，跨境电商中小型企业对复合型跨境电商人才需求量大幅增加，跨境电商企业对跨境电商人才需求主要包括以下几方面。第一，跨境电商中小型企业对人才需求缺口越来越大，在跨境电商中小型企业发展过程中，很多公司全面发展跨境电商业务，在这些业务当中对于跨境电商人才需求水平大概以 100% 的速度增长，从事跨境电商外贸业务的员工不仅要求掌握国际贸易、市场营销和电子商务相关理论知识与技能，还要有较高的外语应用能力。目前复合型跨境电商人才匮乏已经严重制约了我国跨境电商企业的发展。第二，跨境电商企业在发展过程中，企业岗位逐渐增多，不同的岗位需要不同的跨境电商人才，比如，跨境电商运营、跨境电商销售以及跨境电商客服等，要求跨境电商管理型人才，不仅具有网络营销和客户管理能力等，还要在管理过程中具有平台规划、建设以及运营经验，还会结合跨境电商企业的发展现状来对市场情况进行分析，要具备高度的市场敏感度，还要精通英语、德语等。第三，跨境电商人才需求不仅包括在管理型人才方面，对于人才的需求，还包括专业性和商务性人才方面，比如，专业性人才需求包括网页设计师、技术人员以及计算机类专业人才等，还要具备一定的专业知识和学历。商务型人才需求，要求商务型人才既熟悉平台运作规律，还要会对产品进行营销以及推广，善于与他人进行语言沟通，能够对国际贸易和电子商务进行整合。

二、基于跨境电商人才需求的跨境电商人才培养策略

加强基层及基础知识培养。为更多地为企业培养出符合企业发展的跨境电商人才，需要在培养跨境电商人才的过程中，加强对其基层及基础知识的培养，从底层的基础知识抓起，结合相关企业核心岗位对于跨境电商人才的需求和要求，全面对跨境电商人才进行综

合化培养。一方面，在教育的过程中，需要加强对学生市场宏观分析能力、熟悉产品以及平台政策等方面能力的培养，不断丰富学生的专业知识和理论知识，还要在实践教学中加强对学生计算机操作能力和外语等基础能力的培养，不断丰富学生电商专业学习的知识面。另一方面，在培养跨境电商人才的过程中，还要加强对学生国际贸易实务、消费心理学、网络营销、小语种的培养，全面提升跨境电商人才的多方面能力。除此之外，要加强对学生跨境电商英语口语和英语函电等课程的详细讲解，不断巩固和增强学生对计算机基础知识和商品知识的了解，提高学生对跨境电商岗位的正确认识与理解，进而达到跨境电商人才培养目标。

创新跨境电商人才培养方式。在培养满足电商企业需求的跨境电商人才时，不仅要加强对基础知识的培养及巩固，还要积极创新跨境电商人才培养方式，加强对学生理论知识联系实践能力的培养，增强对学生跨境电子商务实务等相关课程的教学。首先，学校可以采用开通跨境电商人才培养的实训软件平台，通过网络平台对学生进行实践能力的培养，网络实训课最好与亚马逊、Ebay、Wish 等多个网络平台相结合，加强对学生跨境电商实务课程的练习和教学。其次，为更好地锻炼学生实践操作能力，需要在创新跨境电商人才培养方式的过程中，积极引进合作企业产品，加强对学生实践平台的建设，让学生在网络实践平台进行自主学习，学会开通速卖通账号，以及在网上进行产品销售等，加强对学生动手能力和实践能力的培养。在教学的过程中，也可以让学生给阿里巴巴等电商平台提供产品发布更新和邮件处理等管理服务工作，令学生在实践操作过程中更好地了解专业知识和掌握各项技能，不断促进学生综合能力和实践能力的提升，为学生将来工作和发展奠定良好的基础。

深化学校与企业之间的合作。在培养跨境电商人才的过程中，提高跨境电商人才培养的质量和效果，需要学校加强与企业之间的合作与交流，在与企业合作的过程中共同制订跨境电商人才培养方案，结合当前企业和市场对跨境电商人才的需求特征，共同开发相关课程和课程资源，加强对跨境电商有针对性的培养及训练。在学校与企业合作的过程中，学校可以采用项目教学法、任务驱动教学法等，全面对学生专业知识和专业技能进行培养，让学生所学的知识和技能更好地与岗位零对接。校企合作过程中，学校可以与企业共同构建双师团队，根据学校的课程体系和办学特色来共同建设实践基地，为学生提供真实的学习环境，充分发挥校企合作过程中的育人功能和提高校企合作育人效果。此外，校企合作过程中，企业要积极向学校和学生提供货源，或者让有经验的跨境电商工作人员到学校对学生进行培训和教育，也可以让学校推荐毕业生和实习生到企业进行顶岗实习，让学生更好地了解电子商务、国际贸易以及网络营销策划等岗位的工作。

总之，随着全球电子商务日渐成熟，了解跨境电商企业对于人才的需求，可以让学校对电商人才的培养更具有针对性，让对人才的培养流程和环节更好地与企业发展相结合。

第五节 跨境电商与国际贸易

随着经济的高速发展，科技水平（网络技术）的不断进步，互联网用户的不断增加，网络覆盖面不断扩大，跨境电商随之快速发展，原先企业都是在做线下的交易，现在开始线上交易。跨境电商作为今后社会发展的主流，是传统企业向新兴企业转变的契机。全球化的加快形成使国际贸易面临许多挑战。因此，要了解跨境电商对国际贸易有何影响，探索如何促进跨境电商的创新和发展，如何给传统企业带来转机，带来新的气象，适应时代发展的潮流。

一、国际货物贸易现状

国际贸易的概念。从一个国家的角度看待国际贸易就是对外贸易。国际贸易是指世界各个国家在商品和劳务等方面进行的交换活动。它是各个国家在国际分工的基础上相互联系的主要形式，反映了世界各国在经济上的相互依赖关系，是由各国对外贸易的总和构成的。

国际货物贸易发展现状。2012 年，我国货物进出口总额达到 3.8 万亿美元，已经超越美国，成为世界上第一贸易大国，但是货物贸易发展前景仍然不被看好。到 2013 年，中国货物进出口达到 4.16 万亿美元，同比增长 7.6%，是世界首个货物进出口贸易数额超 4 万亿美元的国家。至 2014 年，面对复杂多变的国内外经济形势，我国政府陆续出台各类政策，来推动促进进出口的增长。到了 2015 年，我国货物进出口总额已达到了近 4 万亿美元，说明我国在货物进出口这方面有了很好的发展趋势。同时，我国也应加快企业转型，加快产品优化，加快新型贸易方式探索。

二、跨境电商发展现状

跨境电商的概念。跨境电子商务是指分属不同关境的交易主体，通过电子商务平台达成交易、进行网上支付结算，并通过跨境物流送达商品、完成交易的一种国际商业活动。

跨境电商的特征。在互联网这个大环境的背景下，跨境电商具有全球性、无形性、匿名性、即时性、无纸化和快速演进等特征。这些特征促使电子商务不再拘泥于地域、形态、时间以及空间上的限制，但是它也为传统企业带来了危机，为一些不法商家提供了空子。

我国跨境电商发展现状。我国电子商务的交易额在逐年递加，快速增长。2015 年，电子商务交易数额达到 18.2 万亿元，其中跨境电商所占比重已达到 30%。据商务部数据统计，2011 年，我国跨境电商交易数额约 1.7 万亿元；2012 年为 2.1 万亿元；2013 年达到了 3.15 万亿元，凭借着这样的增长速度，2016 年极有可能增至 6.8 万亿元，年增长值保持在 30% 左右，远远高于国际贸易的增长速度。

三、跨境电商兴起的原因

我国是一个劳动密集型国家，是世界上最大的制造地，而中小企业正是我国这些制造的具体地方。尤其是在"十二五"期间，电子商务被列入战略性新兴产业的重要组成部分，将成为下一阶段信息化建设的重心。因此，促进中小企业的发展，也就可以促使贸易方式的转变。

传统企业的贸易方式制约了国内中小企业的发展。过分依赖实体店，买家的需求封闭（不能被路程较远的消费者所熟知），导致利润低、成本高等问题长期存在。

跨境贸易进入转型期。供应链理念的广泛运用，使得生产制造企业，尤其是一些跨国企业的采购方式发生变化，转向零库存管理；同时随着消费者消费习惯的转变，从实体店购买转向网上购买，促进网上第三方交易的发展。同时，做第三方服务的企业在逐年增多，而且我国的货物也在倾向于外销，利用自身的平台把商品更好地展示给海外，做到从线下到线上交易方式的转变。同时订单的来源也不再过于单一，倾向于单小频率高。

全球经济一体化。随着 21 世纪，电脑、手机逐渐被大多数人所使用，网络也全面覆盖。还有跨国企业的扩张，生产、销售也开始一体化，加快了全球一体化的进程。相对应的服务业顺势发展，逐渐发展成全球化，并开始逆向发展到发达地区。WTO 中各国家之间或各政府之间签订各类自由贸易协定和各种政策去扶持企业的发展。相信在这几方的帮助下，全球信息和商品等流动会更加自由，从而促使跨境贸易日益频繁。而且在近几年，全球化进程日益加深，消费习惯和行为发生着改变，电子商务将成为跨境贸易转型的必然选择。

电子商务逐渐由国内向国际拓展。电子商务建立在互联网平台上，具有全球性，向全球市场拓展是电子商务自身的必然发展。自从 2008 年以来，经历了经济危机之后，美国等发达国家的电子商务持续呈现上升趋势，电子商务的便利性也逐渐被人们所熟知，也可以更好地满足消费者和企业的需求。根据 eMarketer 公司的数据，我们可以知道中国的电子商务交易额正在超越美国，并且上升趋势也较显著。但在一些偏远地区的网购还没有渗入人们的生活中去，像印尼只有 10% 左右，印度为 25%，中国也只是过半。所以，在亚太地区新兴国家的电子商务增长率远超过其他地区。同时在 2012 年，我国第一次超过西欧，成为世界第二大市场。与此同时，电子商务的相关技术逐渐成熟，网上支付、电子广告、网上银行等应用逐渐完善，相关基础设施和法律体系逐渐形成，尤其是互联网建设在全球普及，从而促使贸易便利化。

四、跨境电商对国际货物贸易的影响

跨境电商对国际贸易的影响既是深远的，也是多方位的。

跨境电商拓展了国际贸易的市场。在传统的国际货物贸易中，会受到地域、风俗习惯等影响，造成国际贸易发展缓慢。但随着网络的兴起与普及，促进电子商务的发展，打破地域的限制，从而使买卖双方足不出户就可以完成交易，这就为国际贸易的发展打开了缺口。现实贸易与虚拟贸易相结合可以使市场空间更大，各国之间的经济交流更强。同时，跨境电商的发展还节约了成本，缩短了时间，使中小企业在面临强大的竞争时更具优势。

跨境电商创新了国际贸易的交易方式。随着跨境电商的兴起与发展，不仅改变了传统企业的贸易方式，也创新了国际贸易的交易方式，改变了支付方式，网上付款与网上交易节约了交易时间与成本，提高了国际贸易的经济效益。但同时也存在着一些安全问题，如信息易被泄露。

跨境电商改变了国际贸易的经营模式。在电子商务这个环境下，随着交易方式和交易环境的改变，国际贸易的经营模式也必将发生改变。这种经营模式的改变包括方方面面，像物流、资金等。另外，随着网络经济环境的改变，相对应的法律政策也开始建立并完善，以规范行为，维护利益。

五、促进跨境电商发展的政策建议

我国应出台一些符合跨境电商特点与发展的政策和监管体系，给予他们支持，扶持传统企业转型。虽然我国有出台一些措施和政策，但这依然不能更好地满足我国外贸企业在发展电子商务时的需要，并且我国所实施的法律政策还存在许多问题，例如，过于理论化、解释得不是很清楚、没有符合实际等。所以，需要加大对电子商务的宣传力度，切实落实好这些法律政策，维护各地区的经济利益。

社会应不断优化跨境电商的发展环境。有一个良好的发展环境，会促进跨境电商加速发展。并且跨境电商需要第三方支付，需要一个安全的环境。没有第三方支付，就不会有电子商务的今天。所以，第三方支付的国际化已然成为占领消费市场的重要条件。

促进跨境电商相关产业发展，尤其是物流产业。现在的国际物流，例如从韩国到中国需要一周左右，从中国发往别的国家则可能需要更长的时间。中国的跨境电商还是需要以低廉快速的特点来吸引客户，掌握跨境电商的竞争主动权，只有这样才能产生一家与国际一流电商企业相竞争的中国企业。

企业领导者应转变他们的固有思想，做到从线下交易转型到线上交易，让企业更好地融入这个快速发展的社会。

员工应多学习有关跨境电商的知识，成为社会所需要的人才。社会需要技术性高，能力强的电商人才。

当前国际经济交流和合作已经成为世界的主流，在这样一个大环境下，怎样去做好国际贸易必然是当前经济的一大问题，已被公众所关注与熟知。而跨境电商作为国际贸易的一种贸易方式，其发展的重要性是不可否认的。跨境电商在平稳快速发展的过程中，优势是十分明显的，同时它们对于环境的影响也是不容忽略的。希望跨境电商能以一种绿色环保的模式去发展，不再以牺牲环境为代价。而且跨境电子商务是今后乃至未来企业发展的必然趋势，是未来经济发展的主流，它的快速发展给传统的企业发展带来新的渠道去更好地成长，同时对国际贸易的发展方式带来重要的转机，完成从线下到线上交易方式的转变。只有不断地去创新，不停下发展的脚步，才能去更好地应对全球化给各国带来的机遇和挑战，从而来提高我国企业的国际竞争力，提高我国的综合国力，毕竟经济是保障国家主权的重要途径。

第六节　跨境电商知识产权风险及防范

近年来，作为外贸新业态的跨境电商产业蓬勃发展，亚马逊、Ebay、全球速卖通等各类 B2C 跨境电商平台逐渐被热爱海外购的世界各国用户所熟知，而随着各国相关法律法规的不断出台，以及海关等政府部门职能的完善，跨境电商行业的知识产权纠纷不断涌现，越来越多的跨境电商企业面临账户被封、资金被冻结等困境，如何防范和规避知识产权风险成为各跨境电商企业所急需解决的重要问题。

本节是 2018 年江苏省教育信息化研究立项课题《翻转课堂视角下，高职〈跨境电商综合实训〉在线课程开展混合式教学的实践研究》（编号：20180078）的阶段性成果。

一、跨境电商交易中的知识产权风险类型

近年来，为促进新兴贸易业态的健康发展，以海关为主的政府部门加强了对跨境电子商务进出口假冒行为等知识产权方面的打击力度，加大开展互联网时代通过邮递、快件运输渠道出入境的侵权商品的专项执法。2014—2016 年《中国海关知识产权保护状况》的数据显示，海关扣留的侵犯知识产权的嫌疑货物涉及商标权、著作权、专利权等有关权利，其中商标权侵权最突出。如 2014 年，海关查获的商标权侵权货物达 8900 余万件，占扣留商品总数的 96.9%；2015 年，涉及商标权侵权货物达 6800 余万件，占扣留商品总数的98%；2016 年，涉嫌商标权侵犯货物高达 4145.64 万余件，占货物总量的 98.56%。而多数涉嫌侵权货物是在出口环节被查，海运和邮递方式是主要运输渠道。如 2016 年海关在海运渠道查扣侵权嫌疑商品 3940.13 万余件，占全年扣留商品数量的 93.68%。在进出境邮递渠道共查扣侵权嫌疑商品 1.42 万余批，占全年扣留批次的 81.33%。

由此可见，以商标权为代表的知识产权纠纷无论是在传统外贸，还是跨境电商交易中都越来越受到关注。

伴随着跨境电商的迅速发展，跨境电子商务涉及的知识产权呈现出错综复杂的态势。从内容上看，跨境电子商务显示出来的知识产权问题非常广泛，包括专利、著作权、商标

等各种类型，并引发了数据库、网络域名、计算机软件、不正当竞争等诸多问题；从服务形式上看，跨境电子商务中的知识产权问题涉及各行各业，无论是服务贸易，还是货物贸易无一幸免，既存在于有形货物贸易中，也涉及无形商品交易。近几年，跨境电商店铺常有账户被封、资金被冻结等现象，主要原因是店铺存在侵犯知识产权行为，而侵权行为主要集中在版权、商标、专利及电子商务交易平台规则几方面，其中知识产权侵权表现在版权侵权、专利权侵权和商标权侵权三方面。

（一）版权侵权

在互联网没有普及的年代，版权所有人对商品的复制、发布及播放等权利比较容易控制。随着信息网络时代的到来，作品的复制与传播便捷且成本低廉，复制严重损害了版权人的利益，跨境电子商务的发展得益于信息网络技术的进步。目前，在电商平台上，主要存在以下几方面的版权侵权行为：①未经版权人的同意或授权，直接传播使用他人的著作权，如在图片的使用中存在复制后使用、进行抠图后使用、拼图后使用及使用他人的细节图等行为都构成版权侵权行为；②在电商平台店铺和产品宣传中，盗用、复制他人的音像制品、图书、软件等作品；③乱用他人创作、发表或登记的著作权对店铺及商品进行宣传，包括使用卡通人物、影视作品、摄影作品和登记的美术作品都有可能构成不当使用他人的著作权。

（二）专利权侵权

专利权是知识产权的重要组成部分。通俗地讲，专利权是一种财产权，是专利权的拥有者运用法律手段去独占产品现有市场、抢占潜在市场的重要武器。专利侵权也是跨境电子商务知识产权侵权的主要类型之一。专利侵权行为是指在各国专利权法律允许的有效期限内，行为人未经专利权人的许可，又无法律依据，以营利为目的实施他人专利的行为。当前，根据专利侵权行为的表现形式，可以分为直接和间接两类侵权行为。

由于在跨境电商交易中，买家无法直接看到实物，很难判断使用者是否对该项专利权拥有使用权。因此，在当前的跨境电子商务中，专利侵权问题集中体现在卖家侵犯许可销售、进口专利产品或生产厂家使用未经许可的专利方法、假冒专利产品等方面。

（三）商标权侵权

商标权是指商标所有人对其商标所拥有的独占的、排他性的权利。在我国，由于商标权的取得实行注册原则，因此，商标权实际上是因商标所有人申请、经国家商标局确认的专有权利，即因商标注册而产生的专有权。

在当前的跨境电商交易中，在店铺名称、产品的标题、信息详情页、图片及商标LOGO 等信息中容易产生商标权侵权纠纷。例如，许多卖家在销售无商标品牌的商品时，往往对品牌商品进行细微改动，或进行拆分与添加、对商标及 LOGO 打上马赛克等，从而变成自身的商标品牌，从而导致商标权的侵权。

二、跨境电商交易中的知识产权风险防范

知识产权已经成为制约中国跨境电商企业的重要竞争手段之一。各电商平台也日益重视知识产权问题，如何更好保护自己的店铺不被封店，或者突然陷入知识产权纠纷，产品在海关被扣留呢？

（一）加强立法，加大海关的监管职责

尽管我国知识产权保护制度的制定借鉴了发达国家知识产权法律体系，且发展迅速，但是与发达国家的知识产权法律保护相比仍有较大差距。当前，跨境电子商务的知识产权更注重数据库共享和保护、知识产权私权保护、技术措施、商业秘密等内容。在跨境电商交易中，海关监管不仅可以促进贸易便利化，强化商品或服务的便捷性，促进合法商业交易，还需要发挥海关对知识产权保护的最后防线这一功能。

近年来，中国海关作为国家知识产权保护体系的重要组成部分，注重与公安、商标、专利等主管部门和地方政府开展协作，着力打击危害性强、反响大的侵权行为，大力推进知识产权区域的执法合作，大大改变了过去我国知识产权执法部门多、执法权分散、执法不力的现状。

中国海关为快速缩小与发达国家在知识产权保护方面的差距，还积极参与多层次的国际合作。例如，在多边框架下，研究和制定如何根据知识产权保护的国际规则，推动打击跨国的侵权假冒执法行动，并且积极派遣我国的知识产权专家代表世界海关组织执行全球项目，并积极探索双边合作体系，将知识产权海关保护国际合作纳入中美战略经济对话、中欧领导人会晤、中俄总理定期会晤等机制，不断提升双边合作层级。此外，还建立了与各国驻华使馆海关专员的紧密沟通机制，举办多种形式的知识产权交流活动，多次召开知识产权海关保护的国际合作交流座谈会，邀请英国、德国、意大利、俄罗斯、日本、韩国等国家的驻华海关、商务专员及日本贸易振兴机构、欧盟商会等代表参加。

此外，中国海关还积极探索、创新关企合作模式。例如，2016 年杭州海关与阿里巴巴集团合作，利用电商平台大数据对侵权邮包来源追溯，从而锁定电商平台上的售假企业，并共同开展互联网侵权治理行动。相关数据显示，自该协议签订以来，中国海关已向阿里巴巴集团通报侵犯知识产权线索 5 批次，涉及邮包达到 1737 个，阿里巴巴集团查实并关闭 35 家侵权店铺。

（二）增强跨境电子商务平台的审查工作

跨境电子商务的发展是基于安全、快捷、高效的跨境电商平台，但是电商平台的准公共性放大了知识产权自治不足或过度对市场秩序的破坏力。强化第三方跨境电商交易平台的监督管理义务，明确界定平台审查的责任和范围。第三方跨境电商交易平台还应负责验证入驻商家提交的各类文件的真实性和一致性，确保入驻商家经营主体与所售商品的合法性。

目前，各大跨商平台中，美国亚马逊发展最早、最为成熟，较其他跨境电商平台，其规则更复杂和完善，对网店违反平台规则的惩罚力度最为严格。我国跨境电商经历了几年快速而又相对无序的发展阶段后，国内的各大跨境电商也在逐渐完善其平台规则，如阿里巴巴联合境内外各利益相关者和监管机构，出台了较为成熟的知识产权自治规则体系和不断完善的知识产权执法措施，所适用的相关法律也慢慢超出了跨境电商平台所在国法律，逐步融入了对国际商业操作惯例和各国不同知识产权权利人影响力的多重考虑。阿里巴巴集团的全球速卖通是当前国内最具代表性的跨境电商 B2C 模式的跨境电商平台，近年来不断地提高店铺入驻平台的标准，加大对入驻店铺日常的监督和管理工作。如 2018 年 1 月发布的《全球速卖通知识产权规则》中，非常明确地提出了店铺侵犯不同类型知识产权的处罚情况。但是在目前的实践中，我国跨境电商平台在确认商家侵权后，主要处罚措施为商品下架、冻结账户或关闭店铺等，在处理模式和方法等创新上存在不足。

（三）增强企业知识产权意识，提升风险防范能力

目前，我国跨境电商企业主要是中小外贸企业，知识产权意识薄弱，知识产权管理水平尚需进一步提升。我国跨境电商企业在销售商品时，要保证供货渠道的正规性，一定要知识产权先行，做好产品的专利、商标及版权的调查工作，杜绝仿品、假货，以降低侵权风险。在设置店铺名时，也需要注意是否有涉及他人注册的商标，不能复制其他知名品牌名称，也不能使用容易误导买家的品牌名称。

目前，各大跨境电商平台，如亚马逊和全球速卖通平台都提供了相应的知识产权的查询链接。如欧盟专利查询链接：https：//www.tmdn.org/tmdsview-web/welcome；美国专利查询链接：https：//www.uspto.gov/patents-application-process/search-patents；美国商标查询链接：https：//www.uspto.gov/trademark；欧盟商标查询链接：https：//euipo.europa.eu/eSearch/。

当然，对于跨境电商企业最直接有效的方式是拥有自己的专利，但是各国对专利都有使用时间的限制。此外，还可以通过注册自有商标来避免侵权。不同于外观专利及发明专利，商标使用的时间越长，其价值与显著性越强，因为商标使用时间越久，品牌的消费群越大，辨识度也越高。而在很多国家，外观设计专利公开 6 到 12 个月后就会因为缺乏新颖性而不能再申请专利了。

（四）企业应当善用法律程序，争取维护最大权益

我国部分跨境电商企业对法律法规和跨境电商平台规则的重视程度不够，也缺少进行诉讼的经历和经验，一旦店铺接到投诉或账号被封，往往束手无策。

当前，跨境电商平台的知识产权政策都有类似的规定，如不允许出售假货、盗版和未授权产品等。一旦侵犯知识产权，会导致卖家账号被封，资金被冻结。跨境电商企业在收到律师函或投诉后应积极应对，可以从以下几方面来准备应对措施：①尽快找到侵犯知识产权的产品，积极与知识产权所有人沟通，争取寻求产权人的谅解和撤诉；②如果投诉未

撤销，给电商平台提供供应商名单及与其合同条款，证明投诉的不合理性；③下架或清理导致账号被停的所有库存产品以及禁止在平台销售的产品；④向电商平台提起上诉。

而跨境电商卖家如何防止其他卖家跟卖自己辛苦打拼出来的热销产品呢？首先，要提前做好知识产权布局，在产品未上市前，提前申请产品的外观专利和版权，注册好自有商标；其次，一旦发现侵权，及时记录对方店铺名称、公司名称及对方商品详情页网址，并保留好截图，这样在解决侵权纠纷时能提供有力的证据。

第二章　创业导论

随着高等教育的大众化，高校毕业生人数急剧增加，2015 年全国各类高等教育毕业生规模为 749 万人，大学生就业难早已成为社会关注的焦点和热点问题。然而，大学生就业难并不是我国独有的问题，为缓解就业压力，世界上很多国家都把大学生创业作为带动就业的核心动力，并取得了一些成功的经验。目前在美国、欧洲等发达国家，大学毕业生创业人数占毕业生总数的比例一般为 20%～30%，自主创业已成为大学生就业的重要途径之一。从我国目前的实际情况来看，很多大学生并没有把创业作为事业和人生的追求，大学生创业人数还不到毕业生总数的 0.1%，而大学生创业成功的比例就更低，只有2%～3%。因此，如何学习和借鉴发达国家的经验，化解当前制约大学生创业的不利因素，通过精心组织、科学管理，来唤醒大学生的创业意识，点燃其创业热情，帮助更多的大学生成功创业，必将成为高等学校乃至全社会的一项重要任务。

第一节　创业概述

创业是人类最基本的实践活动，从某种意义上说，人类社会发展的历史，就是一部不断创业的历史。通过各个时代的创业，人类不断地创造新的物质财富和精神财富，来满足自身物质和精神的需要，从而推动社会不断进步，使社会逐步走向文明、昌盛、富强。

一、创业的含义与功能

（一）创业的含义

现在随手拿起一份报纸或一本杂志，打开收音机或电视机的新闻频道，或者进入一个新闻网站，都会发现有关企业家或创业型企业的报道。创业是当前的一个流行话题。如果现在有人问有关创业的定义，该如何回答，如何进行描述呢？创业（Entrepreneurship）一词的出现可追溯到二百多年前的法国。1775 年，法国的经济学家 Richard Cantillon 将创业者和经济中承担的风险联系在一起。这就是创业的第一次定义，即创业代表着承担风险。

《现代汉语词典》对"创业"的解释是：创办事业。而"事业"是指人所从事的，具有一定目标、规模和系统并对社会发展有影响的经济活动。《辞海》对"创业"的解释是：创立基业。"基业"是指事业的基础。由此可见，创办事业是创业的本质。创业有广义和狭义之分。广义的创业是指人类的创举活动，或指带有开拓、创新并有积极意义的社会活动。这种活动可以是营利性的，也可以是非营利性的，可以是经济方面的，也可以是政治、军事、文化、科学、教育等各个领域的。只要是人们以前没有做过的，对社会产生积极影响的事，都可以说成创业。如美国的荣斯戴特提出："创业是一个创造增长的财富的动态过程。"杰弗里·蒂蒙斯指出："创业是一种思考、推理和行为方式……创业导致价值的产生、增加、实现和更新，不只是为所有者，也为所有的参与者和利益相关者。"

另外，从更广义的角度理解，一个人根据自己的性格、兴趣、知识与能力等选择自己的角色、职业和工作岗位，在这一岗位上创造性地发挥自己的特长和才干，实现个人价值并为社会带来财富的活动，都属于创业，因而职业也有岗位创业的含义。

从狭义上所讲的创业概念，源于"Entrepreneur"（企业家、创业者）一词，因而对其理解通常带有经济学的视角。如精细管理工程创始人刘先明认为："创业是指某个人发现某种信息、资源、机会或掌握某种技术，利用或借用相应的平台或载体，将其发现的信息、资源、机会或掌握的技术，以一定的方式，转化、创造成更多的财富、价值，并实现某种追求或目标的过程。"郁义鸿、李志能在《创业学》一书中指出："创业是一个发现和捕捉机会并由此创造出新颖的产品或服务，实现其潜在价值的过程。"

在创业的定义中发现的一个共同主题是意识到企业家的重要作用。毫无疑问，如果没有一位愿意去做一名企业家要做的事情的人，就不会有创业。创业定义中的另一个共同主题是创新。创新包括变化、改革、改造，以及新方法的引进。综上所述定义和教育部大纲的要求，我们将创业定义为"不拘泥于当前资源，寻求机会，进行价值创造的行为过程"。该定义包括以下四方面的内容：

（1）创业是创造的过程。创业创造出某种有价值的新事物，这种新事物必须是有价值的，不仅对创业家本身，而且对其开发的某些目标对象也是有价值的。

（2）创业需要贡献出必要的时间，付出极大的努力。要完成整个创业过程，要创造新的有价值的事物，就需要大量的时间，而要获得成功，没有极大的努力是不可能的。

（3）承担必然存在的风险。创业的风险可能有多种形式，依赖于创业的领域，但是通常的风险来自财务方面、精神方面、社会方面及家庭方面等。

（4）给予创业家以创业报酬。作为一个创业家，最重要的回报可能是其由此获得的独立自主，以及随之而来的个人满足感。对于追求利润的创业家，金钱的回报无疑是最重要的。很多创业者乃至旁观者，其实都把金钱的回报视为成功与否的一种尺度。

（二）创业的功能

自 20 世纪 80 年代以来，国外经济和管理学界就一直非常重视"创业"这个十分重要和活跃的领域。这主要是由于创业作为经济发展的原动力，在促进经济高速增长、加速技术创新和科技成果转化以及增加就业机会、缓解社会就业压力等方面的作用日益突出和增强。现阶段在我国推行创业，具有以下功能：

（1）促进城乡结构的优化，加快我国城市化进程。要打破我国长期形成的城乡二元经济结构，实现小城镇建设、农业产业化、农村剩余劳动力转移，主要依靠无数异常活跃、自主经营的小业主及微小企业构造微观运作平台。它们是"公司＋农户＋基地"的基础力量，是进城镇务工经商的主力军，是城镇房地产（住宅和商铺）的重要消费者。

（2）促进产业结构优化，加快第三产业发展。服务业是能够大量容纳劳动力的产业，一般用工数量是工业的2～3倍。鼓励在第三产业创业，能迅速提高我国第三产业在国民经济中的比重，同时改善人民生活和提高生活质量。

（3）促进所有制结构的优化。从所有制性质看，创业的微型和小型企业都是私营和民间资本，国有资本将从国民经济竞争领域逐步退出，此时需要民营企业及时去填补和置换国有资本。因此，扶持创业小企业做大、做强具有重要意义。

（4）促进经济规模结构的优化。只有积极发展成千上万"小而专""小而特""小而精"的微型和小型企业，并形成社会化生产和服务体系，金字塔形的大、中、小型企业规模结构，才能具有国际竞争力。

（5）促进投资结构的优化，加快民间投资进入。目前在市场紧缩、消费疲软、民间投资意愿不强的情况下，主要依靠政府的投入支撑国民经济发展，从长远看积极财政政策的效果是有限的。大量民间资本的创业对国民经济的增长有直接贡献，其投资效率也是很高的。

（6）带来劳动力就业的倍增放大效应。创业不但是创业者个人创立自己的一份事业、产业，而且还创造出新的就业机会。比如一个小型企业能够吸纳3～5个人就业。

（7）提高政府就业管理工作效能。通过创业带动就业的杠杆作用，政府减轻了就业服务工作量，提高了就业服务工作效率。

（8）增加国家税收。通过一大批创业的微型、小型企业的设立和成长，还能够增加国家税源，成为国民经济的新增长区域；成千上万勤俭、诚信创业的小业主将成为中产阶级的中坚力量，为发家致富提供正面的典型示范，其社会效果和经济效果不可估量。

二、创业要素与类型

（一）创业要素

由创业的概念可知，创业的要素包括创业者、商业机会、技术、资源、人力资本、组织、产品服务等几方面。

（1）创业者。创业者是创业过程中处于核心地位的个人或团队，是创业的主体。创业者在创业过程中起着关键的推动和领导作用，其职责包括识别商业机会、创建企业组织、融资、开发新产品、获取和有效配置资源、开拓新市场等。因而创业者的素质和能力是创业成功的第一要素。

（2）商业机会。商业机会是创业过程中的核心，创业者从发现和识别商业机会开始创业。商业机会指没有被满足的市场需求，它是市场中现有企业留下的市场空缺。商业机会就是创业机会，它意味着顾客能得到比当前更好的产品和服务的潜力。

（3）技术。技术是一定产品或服务的重要基础。产品与服务当中的技术含量及其所占比例，是企业满足社会和市场需求的支持保障，是企业的核心竞争力。

（4）资源。资源是组织中的各种投入，包括各种人、财、物。资源不仅指有形资产，如厂房、机器设备，也包括无形资产，如专利、品牌；不仅包括个人资源，如个人技能、经营才能，也包括社会网络资源，如信息、权力影响、情感支持、金融资本。

（5）人力资本。人力资本是创业的重要资源投入。创业成功的关键在于创业者的识人、留人、用人能力。形成创业的核心团队，制定有利的政策制度和有效的组织结构，建立良好的企业文化是建立人力资本的核心。

（6）组织。组织是协调创业活动的系统，是创业的载体，是资源整合的平台。创业型组织的显著特征是创业者的强有力领导和缺乏正式的结构和制度。从广义来说，创业型组织是以创业者为核心形成的关系网络，不仅包括新设组织内的人，还包括这个组织之外的人或组织，如顾客、供应商和投资人。

（7）产品服务。产品服务是创业者为社会创造的价值，它既是创业者成功的必要条件，也是创业者对社会的贡献。正是通过为社会提供更多更好的产品服务，人类社会的财富才日益增多，人们的生活才变得丰富多彩。

总之，创业是具有创业精神的创业者、商业机会、组织与技术、资金、人力资本等资源相互作用、相互配置，创造产品和服务的动态过程。

（二）创业类型

随着创业活动的日益广泛，创业活动的类型也呈现出多样化的趋势。了解创业类型，比较不同类型创业活动的特点，有助于我们更好地理解和开展创业活动。创业从不同的角度、根据不同的标准可以做不同的分类。

（1）根据创业动机，创业可分为机会型创业与就业型创业。

①机会型创业，是指创业的出发点并非谋生，而是为了抓住、利用市场机遇。它以市场机会为目标，能创造出新的需要，或满足潜在的需求，因而会带动新的产业发展，而不是加剧市场竞争。

②就业型创业，指为了谋生而走上创业之路。这类创业是在现有的市场上寻找创业机会，并没有创造新需求，大多属于尾随型和模仿型，因而往往小富即安，极难做大做强。虽然创业动机与主观选择相关，但创业者所处的环境及其所具备的能力对于创业动机类型的选择有决定性作用。因此，通过教育和培训来提高创业能力，就可以增加机会型创业的数量，不断增加新的市场，减少低水平竞争。

（2）根据创业者数量，创业可分为独立创业与合伙创业。

①独立创业，指创业者独立创办自己的企业。其特点在于产权是创业者个人独有的，

企业由创业者自由掌控，决策迅速。但它需要创业者独自承担风险，创业资源准备也比较困难，还受个人才能的限制。

②合伙创业，指与他人共同创办企业。其优劣势与独立创业相反，优势在于资源准备相对容易，风险均摊，决策制衡，可以发挥集体智慧。但缺点在于权力多头，决策层级多，响应速度慢。

（3）根据创业项目性质，创业可分为传统技能型创业、高新技术型创业和知识服务型创业。

①传统技能型创业，指使用传统技术、工艺的创业项目，它具有永恒的生命力。尤其是酿酒、饮料、中药、工艺美术品、服装与食品加工、修理等与人们日常生活紧密相关的行业中，独特的传统技能项目表现出了经久不衰的竞争力，许多现代技术都无法与之竞争。

②高新技术型创业，指知识密集度高，带有前沿性、研究开发性质的新技术、新产品项目。

③知识服务型创业，指为人们提供知识、信息的创业项目。当今社会，信息量越来越大，知识更新越来越快，各类知识性咨询服务的机构将会不断细化和增加，如律师事务所、会计师事务所、管理咨询公司、广告公司等。这类项目投资少、见效快。如北京有人创办剪报公司，把每天主要媒体上与该企业有关的信息全部收集、复印、装订起来，有的年收入达100万元，且市场十分稳定。

（4）根据创业方向或风险，创业可分为依附型创业、尾随型创业、独创型创业和对抗型创业。

①依附型创业，可分为两种情况：一是依附于大企业或产业链而生存，为大企业提供配套服务，如专门为某个或某类企业生产零配件，或生产、印刷包装材料；二是特许经营权的使用，如利用麦当劳、肯德基等的品牌效应和成熟的经营管理模式，减少经营风险。

②尾随型创业，即模仿他人创业，"学着别人做"。其特点一是短期内只求能维持下去，随着学习的成熟，再逐步进入强者行列；二是在市场上拾遗补阙，不求独家承揽全部业务，只求在市场上分得一杯羹。

③独创型创业，指提供的产品或服务能够填补市场空白。这种独创性包括商品的独创性，或者商品的某种技术的独创性以及服务的独创性，如生产环保性更好且去污力更强的洗衣粉，创立首家搬家服务公司、婚介公司等。但其也有一定的风险性，因为消费者对新事物有一个接受的过程。独创型创业也可以是旧内容新形式，比如产品销售送货上门，经营的商品并无变化，但在服务方式上改进了，从而更具竞争力。

④对抗型创业，指进入其他企业业已形成垄断地位的某个市场，与之对抗较量。这类创业风险最高，必须在知己知彼、科学决策的前提下，抓住市场机遇，乘势而上，把自己的优势发挥到极致。比如，针对1990年年初外国饲料厂商在中国市场大量倾销合成饲料的背景，希望集团运用对抗型创业，建立了西南最大的饲料研究所，定位于与外国饲料争市场，从而取得成功。

（5）基于创业方式，创业可分为复制型创业、模仿型创业、安定型创业和冒险型创业。

①复制型创业。复制型创业是在现有经营模式的基础上进行简单复制的过程。例如，某人原本在一家化工品制造企业担任生产部经理，后来离职创立一家与原化工品制造企业相似的新企业，且生产的产品和销售渠道与离职前的那家企业相似。在现实生活中，复制型新创企业的比例较高，由于前期经验的累积，这种类型创业的成功率也很高。但是，在这种类型的创业活动中，创新的贡献比较低，对创业精神的要求也比较低，因此，在以往的创业研究中，对这种类型的创业关注得比较少。

②模仿型创业。模仿型创业是一种在借鉴现有成功企业经验基础上进行的重复性创业。这种创业虽然很少给顾客带来新创造的价值，创新的成分也很低，但对创业者自身命运的改变还是较大的。它与复制型创业的不同之处在于，其创业过程对于创业者而言，具有很大的冒险成分。例如，某软件工程师辞职后，模仿别人开一家饮食店。这种形式的创业具有较高的不确定性，学习过程长，犯错误的机会多，试错成本也较高。不过，创业者如果具备较高的素质，那么只要他得到专门的系统培训，注意把握市场进入契机，创业成功的可能性也比较大。

③安定型创业。安定型创业是一种在比较熟悉的领域所进行的不确定因素较小的创业。这种创业虽然为市场创造了新的价值，但是对创业者而言，并没有太大的改变，其所从事的仍是比较熟悉的工作。这种创业类型强调的是创业精神的实现，也就是创新的活动，而不是新组织的创造。企业内部创业即属于这一类型。例如，企业内的研发团队在开发完成一项新产品之后，继续在该企业内开发另一款新的产品。这种创业形式强调的是个人创业精神的最大限度的实现，而不是对原有组织结构进行设计和调整。

④冒险型创业。冒险型创业是一种在不熟悉的领域进行的不确定性较大的创业。这种创业除了对创业者具有较大的挑战，并会给其带来很大的改变外，其个人前途的不确定性也很高。通常情况下，那些以创新的方式为人们提供具有自主知识产权的新产品、新服务的创业活动，便属于这种类型的创业。冒险型创业是一种难度很高的创业类型，有较高的失败率。尽管如此，因为这种创业预期的回报较高，所以对那些充满创业精神的人来说，它仍极具诱惑力。这里需要提醒大家的是，创业者只有在具备超强的个人能力，拥有非常有竞争力的产品，恰逢适宜的创业时机，且制订了合理的创业方案，并能进行科学的创业管理的条件下，才有可能获得创业的成功。

（6）基于创业主体，创业可分为个体创业和公司创业。

个体创业主要指不依附于某一特定组织而开展的创业活动。公司创业主要指在已有组织内部发起的创业活动，这种创业活动可以由组织自上而下发动，也可以由员工自下而上推动，但无论推动者是谁，公司内的员工都有机会通过主观努力参与其中，并在这种创业中获得报酬和得到锻炼。从创业本质来看，个体创业与公司创业有许多共同点，但是由于创业主体在资源、禀赋、组织形态和战略目标等方面各不相同，因而两者在创业的风险承担、成果收获、创业环境、创业成长等方面存在较大的差异。

三、创业过程的阶段划分

创业过程包括创业者从产生创业想法，到创办新企业或开创新事业并获取回报的整个过程。这个过程涉及的活动和行为较多，如寻找创业机会、组建创业团队、筹集创业资金、制订创业计划，等等。为了帮助大家更好地把握创业过程的关键环节，我们按照时间顺序，将创业过程划分为机会识别、资源整合、创办新企业、新企业生存和成长四个阶段。

（一）机会识别

识别创业机会是创业过程的核心，也是创业管理的关键环节。识别创业机会包含发现机会和评价机会的价值两方面的活动，其中有许多问题值得研究。

第一，创业机会来自哪里？或者说创业者应该从何处识别创业机会？

第二，为什么某些人能够发现创业机会而其他人却不能？或者说，哪些因素影响甚至决定了创业者识别机会？

第三，创业机会是通过什么形式和途径被识别的？是经过系统地收集资料和周密地调查研究，还是偶然被发现的？

第四，是不是所有的机会都有助于创业者开展创业活动并创造价值？

通过这些问题，我们可以看到创业者在识别机会阶段经常要开展的活动。为了发现机会，创业者需要多交朋友，并经常与朋友沟通交流，这样做有助于创业者更广泛地获取信息。创业者还需要细心观察，从以往的工作和周边的事物中发现问题，看到机会。在发现机会之后，创业者还需要对机会进行评价，以判断机会的商业价值。

（二）资源整合

整合创业资源是创业者开发机会的重要手段。强调资源整合，是因为创业者可以直接控制的可用资源少，许多成功的创业者都有过白手起家的经历。对创业者来说，整合资源往往意味着整合外部的资源、别人掌握控制的资源，来实现自己的创业理想。

人、财、物是任何生产经营单位都要具备的基本生产要素，创业活动也是如此。对打算创业并识别了创业机会的创业者来说，要想成就一番事业，就要组建创业团队、筹集创业资金、搭建创业平台、建立销售渠道、理顺上下级关系。如果是创建生产性企业，还需要租用场地、建造厂房、购置设备、购买原材料等。

创业活动是创业者在资源匮乏的情况下开展的具有创造性的工作，势必面临很大的不确定性。在很多情况下，创业者自身对事业的未来发展也不清楚，所以外部组织和个体当然不敢轻易地将自己的资源投给创业者。因此，不少创业者在创业初期乃至新企业成长的很长一段时间里，都要把主要的精力投入到整合资源中。

（三）创办新企业

新企业的创建和新事业的诞生，往往是创业者开始创业行为的直接标志，有人甚至将是否创建了新企业作为个人是不是创业者的衡量标准。创建新企业有不少事情要做，包括公司制度的制定、企业注册、经营地址的选择、确定进入市场的途径等，有时甚至要在是创建新企业还是收购现有企业等进入市场的不同途径之间进行选择。

企业内创业可能没有公司制度设计问题，但同样要设计奖惩机制，甚至需要制定利益分配原则；可能没有企业注册问题，但同样要有资金投入及预算控制机制等问题。创业初期，迫于生存的压力，也由于对未来发展无法准确预期，创业者往往忽视制度和机制建设，给以后的发展带来许多问题。

（四）新企业生存和成长

从表面上看，新企业的运营与有多年经营历史的企业相比，没有什么本质的区别，都要做好生产销售等类似的工作。但真正创办过新企业的人都知道，它们之间的差异还是很大的。对已经存在的企业来说，其销售工作的核心任务是注重品牌价值，维护好老顾客，提升顾客的忠诚度。而对新创建的企业来说，它虽然也要考虑品牌价值等问题，但首要的任务是争取到第一个顾客。这意味着新企业要为顾客创造更大的价值，意味着要为获得同样的收益付出更大的代价和成本。

确保新创建的企业生存，是创业者必须面对的挑战，从某种意义上说，只有活下来才能谈其他的问题。但是，强调生存的重要性，并不意味着不考虑成长和发展。"人无远虑，必有近忧"，不考虑成长就无法生存得更长远，在竞争激烈的环境中尤其如此。新企业的成长是有规律的，创业者需要了解企业成长的一般规律，预想企业不同成长阶段可能面临的问题，并采取有效的措施予以防范和解决，使机会价值得到充分实现；同时不断开发新的机会，把企业做大、做强、做活、做长。

四、成果研究和改革的基础

（一）问题的提出

《国家中长期教育改革和发展规划纲要（2010—2020年）》（〔2010〕12号）指出"职业教育要面向人人、面向社会，着力培养学生的职业道德、职业技能和就业创业能力。"《国家中长期人才发展规划纲要（2010—2020年）》要求："加强人才资源能力建设，创新人才培养模式，注重思想道德建设，突出创新精神和创新能力培养，大幅度提升各类人才的整体素质。"旅商类人才存在综合素质不高、创新创业能力偏弱、就业质量偏低、无法适应服务业转型升级的需求等问题。如何精准培养具有孵化能力的现代旅商创学人才，是所有服务类专业职业学院应该思考的问题。

（二）研究和改革的必要性和可行性

1.研究和改革的必要性

第一，国家实施创新创业人才培养战略。

2015 年，国务院《关于深化高等学校创新创业教育改革的实施意见》指出："把深化创新创业教育改革作为推进高等教育综合改革的突破口，树立先进的创新创业教育理念，面向全体、分类施教、结合专业、强化实践，促进学生全面发展，提升人力资本素质，努力造就大众创业、万众创新的生力军。"

第二，创新创业教育发展的需要。

各高校在创新创业教育开展上遭遇困境，发展迟缓，路径不清晰、模式无新意、成果无突破。因此，2016 年国务院办公厅《关于建设大众创业万众创新示范基地的实施意见》强调："推进大众创业、万众创新，加快发展新经济、培育发展新动能、打造发展新引擎，建设一批双创示范基地、扶持一批双创支撑平台、突破一批阻碍双创发展的政策障碍、形成一批可复制可推广的双创模式和典型经验，重点围绕创业创新重点改革领域开展试点示范。"

第三，提升人才培养质量是支撑经济转型升级的战略需要。

我国经济正处于转型升级和经济发展新旧动能转换时期，人才培养供给侧和产业需求侧在结构、质量、水平上还不能完全适应。因此，国务院《关于深化产教融合的若干意见》要求："深化产教融合，促进教育链、人才链与产业链、创新链有机衔接。"2018 年，国务院《关于推动创新创业高质量发展打造"双创"升级版的意见》进一步要求："按照高质量发展要求，深入实施创新驱动发展战略，通过打造"双创"升级版，进一步优化创新创业环境，大幅降低创新创业成本，提升创业带动就业能力。"

2. 研究和改革的可行性

第一，方案可行。以培育旅商"孵化型"就业人才为核心，确立了以"创新精神、工匠技能、孵化本领"为人才培养目标，构建了"创学全息"的人才培养模式，形成了"创学文化、创学社团、创学课程、创学教师、创学基地、创学平台"的"创学六环"实现路径。

第二，团队可行。项目团队有教授 1 人，副教授 2 人，讲师 1 人，学校行政一把手 1 人，团队均具有硕士或者博士学历。先后主持国家、省部级课题 11 项，团队学历、职称、年龄结构合理，资源、经验丰富。

第三，平台可行。项目主持单位是国家优质高职立项建设单位、江西省示范性高职院校、全国供销合作总社示范性院校、江西省创新创业示范基地、全国高职高专创新创业教育协作会副会长单位、中国技术创业协会常务理事单位、全国大学生创新创业实践联盟常务理事单位等，学校前期建设水平较高。

3. 研究和改革所要解决的核心问题

江西旅游商贸职业学院在实践探索中立足于"旅游和商贸"专业特色，以培养具有"创新精神、工匠技能、孵化本领"现代旅商人才为目标，运用"创学全息"理论，将教育教学与创新创业有机结合，精准培养"孵化型"人才。拟解决以下几方面的突出问题：

（1）师生不想创学。学生对创新创业认识模糊、意识淡漠、学习积极性不高；教师安于现状、缺乏创新创业动力，学校创学生态不佳，氛围不好，师生创学欲望不强。

（2）师生不会创学。教师缺乏创新创业经历、双创实践教学能力不足、教学效果欠佳；学生得不到足够锻炼，能力结构和综合素养存在较大差距，师生会创学的比例不高。

（3）师生不能创学。学校重视程度不够、创新创业实践资源匮乏、创学条件有限、不受时间和空间限制的创学平台和实践基地不多，导致师生不能创学。

针对上述问题，学校以建构主义、全息理论等为指导，以创学文化、创学社团建设破解不想创学的难题；以创学教师、创学课程建设解决不会创学的问题；以创学平台、创学基地建设破除不能创学的障碍，通过六个关键因子协调运行，实现"创学全息"的孵化型就业人才的精准培养。

五、创业的基本常识

创业不仅仅是为了谋生和追求财富，更是一种对自身理想的追求和人生价值的实现。对创业者来说，创业是综合素质的磨炼，创业是对自我的不断更新，创业是对命运的不断挑战。正因为如此，创业本身充满了无穷的魅力。

（一）创业与创业者

在上文中，我们将创业定义为：创业者通过承担风险和寻求把握机会，并持续投入技能知识、相关资源、劳动时间而建立组织，为相关服务对象提供产品和服务，定位个人、组织成员和社会创造价值和财富的过程。

创业往往是社会具体客观环境下，创业者强大的主观能动性推动的产物，在创业当中人是最大的价值所在。管理大师彼得·德鲁克认为："创业者就是赋予资源以生产财富能力的人。"创业者善于创造和抓住机会，将个人及团队的潜质发挥到最大化，其思想和行为也往往超越一起工作的一般人。

在成熟的西方职场里，对于创业者和职业经理人的概念定位分明。创业者是指开办或经营自己企业的人，他们通常是企业的创始人，既是员工又是雇主，对经营企业的成败与否负责；职业经理人通常不是他们所管理公司的所有者，尽管通过股权和期权的激励，他们可以分享他们所管理公司的成长过程，但他们通常是指那些被雇来管理公司日常运作的。换而言之，创业者常常既是创业者又是职业经理人，而职业经理人通常只是职业经理。

（二）创业者的类型

创业者可以从不同角度来进行分类，分类也五花八门，在此我们简单介绍几种。国内一般从创业者的背景和动机来区分创业者的类型，这种区分方法通常把创业者区分为生存型创业者、主动型创业者和现金需求型创业者。而从创业的过程来看，根据创业者在创业过程中所处角色和发挥的作用，我们又可以把创业者分为独立创业者、主导创业者和跟随创业者。

1.生存型创业者、主动型创业者、现金需求型创业者

（1）生存型创业者。生存型创业者往往出身草根，所谓英雄不问出处大都是指他们。

不管是下岗工人群体、失地农民、家庭所迫的公司小职员，生存是他们创业的直接推动力，这是中国数量最大的创业人群。清华大学的调查报告说，这一类型的创业者占中国创业者总数的 90%。生存型创业者群体一般创业范围均集中在商业贸易，少量从事实业，也基本是小型的加工业。当然也有因为机遇成长为大中型企业，但数量极少。如刘永好兄弟、鲁冠球、南存辉那个因为短缺经济、机制转轨而造就的创业机遇遍地时代已经一去不复返，生存型创业者想在当下市场环境中，想要复制和前辈一样的神话，如果不在创业进程当中树立创业观念，提高创业素质，以及遇到大的机遇，基本上很难。

（2）主动型创业者。主动型创业者通常也可以分为两种：一种称为盲动型创业者，一种称为冷静型创业者。前一种创业者大多极为自信，做事冲动，这种类型的创业者大多好赌却不太喜欢检讨成功概率，显然这样的创业者很容易失败；而一旦成功，如果不提高素质，一番偌大的事业何时终结却是个未知数。冷静型创业者是创业者中的精英，谋定而后动是他们的座右铭，凡事预则立、不预则废是他们的日常行为写照，他们或是掌握资源，或是拥有技术。一般开始创业，也是经过深思熟虑，执行力到位的话，创业成功概率通常很高。

（3）现金需求型创业者。现金需求型创业者除了赚钱，没有什么明确的目标，并不是追求创业带来的声誉。他们往往喜欢做老板的感觉，喜欢创业带来的独立感。他们追逐新兴的创业概念，他们从一个创业领域跨入另外一个创业领域并未考虑太多，考虑转换创业行业多数以快速变现为准则。他们当中的成功者，对于市场变化非常敏感，对于新产品所带来的新兴市场繁荣有一套自己的分析逻辑。尽管现金需求创业者所从事的创业项目和创业的时机常常为人诟病，但奇怪的是，这一类创业者中赚钱的并不少，创业失败的概率也并不比那些兢兢业业、勤勤恳恳的创业者高。

2. 独立创业者、主导创业者和跟随创业者

（1）独立创业者。独立创业者是指那些独自创业的创业者，自己出资也自己管理。独立创业者在创业之前通常掌握了相当多的资源，例如技术、人脉和渠道，或是发现了很好的商机。独立创业充满了风险和挑战，创业者通过充分发挥想象力、创造力和组织能力将主观能动性发挥到极致。独立创业的难度和风险相对较大，假如创业者在管理经验、资金、技术资源和社会资源上出现一定的缺位，就会面临较大的压力。

（2）主导创业者。主导创业者通常是指创业团队的领导核心，他们将自己的技术、人脉和渠道资源通过创业团队的其他团队成员进行整合、叠加和延展。通过创业实践活动，他们将自己的人格魅力、管理经验和文化素养通过日常的团队运营，一点一滴地灌输到团队成员的日常行为当中，使得创业团队逐渐打上主导创业者个人的烙印。主导创业者也通过不断地学习和适应，同创业团队的其他成员在工作中尽量融为一体。

（3）跟随创业者。创业团队除主导创业者以外的成员，多数被定义为跟随创业者，通常也叫创业的参与者。一个创业团队通常只有一到两个主导创业者，多数都是跟随创业者。而创业团队不仅仅需要主导创业者，合适、匹配、贴心的跟随创业者往往是主导创业者捏

合团队的关键。在创业过程当中，优秀的创业团队，应该是互补的团队，技术研发、市场拓展、日常运营、后勤保障和财务梳理各项工作内容都需要各类的跟随创业者来根据整体战略目标切实执行。

这里所需要提醒的是，主导创业者和跟随创业者是联结成一体的。主导创业者和跟随创业者的概念的提出，是希望创业者根据自己在创业团队当中的实际情况，定位自己的角色，做好团队当中相应的工作。创业者的团队内清晰的角色定位，往往是创业工作顺利展开的先决条件。

六、成功创业者的内在特质

尽管不同的创业者专注于不同的专业领域，所走的创业道路和创业表现也大不相同。但通过对成功创业者群体进行的跟踪研究却神奇地表明，成功的创业者有很多共同的特质。我们把这些特质归纳总结为：

（一）不畏艰险的奋斗精神

创业者须具备不畏艰险、百折不挠的工作精神，这也是创业者必备的特质。尤其是在创业初期，创业者会面临各种各样的困难和挑战，在创业激情慢慢燃尽之时，这种精神特质变得特别重要。

（二）略带偏执的成功欲望

创业者的成功欲望远超普通人，冲破平庸生活，打破阶层固化的驱动力特别强烈，他们常常有感于对现状的不满，有时这种欲望让他们看起来略带偏执。著名 CEO 安迪格·鲁夫也曾对创业有"只有偏执狂才能生存"的描述。对于成功的渴望，推动创业者不断去追求、去打拼、去反省。

（三）不断改善的创新意识

创业者一旦进入创业工作的状态就停不下来，他们总是努力地去找信息、找项目、找投资人。不断地行动，使得创业者能够在风云激变的市场环境中，不断发现和创造新的机会，不断改进自己的产品、服务渠道。创新本身就是不断地除旧立新，这个过程不但不是一蹴而就的，有可能在创业过程中是循环往复的，在这样的循环往复当中，创业者才能不断地超越自己。尤其在当下这样的移动互联网信息时代，市场的变化，要求创业者打破传统的思维方式和运营方式，探索更好的产品市场接入点以及公司更新的成长方式。

（四）马上行动的执行能力

在创业过程当中，创业机会有可能是转瞬即逝的。因为在创业的项目思考当中，很多创业者仅仅停留在思考阶段，而很难进入实质操作阶段。马上行动是创业者的一种基本能力，它体现在创业者能够在纷繁的信息当中进行相关取舍，并将有用信息用于创业的迅速落实。后信息时代，快鱼吃慢鱼，市场先入的成本优势依然存在，因此马上行动的执行能力是创业者获取市场先机，并巩固市场先机的一项核心素质。

（五）自信乐观的价值观念

成功的创业者身上往往都有异乎寻常的自信，普通人不知道这强大自信是从何而来的。有些自信，可能凭空而来，属于人格特质的范畴。而更多的创业者的自信是对项目的坚持，以及对于创业细节的耕耘。只有真正在做的人才会理解对于创业的一意孤行，对于坚持创业道路的不安分的心，对于坚信自己能够成功不可理喻的坚持。但自信乐观是创业者能够走到最后的一项重要素质。

（六）勇于冒险的行动魄力

没有风险的项目，不能称为创业，几乎所有创业者都有敢于冒险的共同特质。敢于冒险不等于莽撞盲从，而是在冒险的过程当中学会控制和衡量风险。对于风险并不畏惧，而对于市场懂得敬畏，是成功创业者的经常思维。大凡成功的创业者对于风险都有特殊的直觉，"在别人恐惧时贪婪，在别人贪婪时恐惧"是他们发起市场行动的座右铭。他们在风险来临面前，也常常具有壮士断腕的精神。规避风险、化解风险和斩断风险的能力，由于冷静清醒的市场分析和足够充分的心理准备，在创业进程当中不断提高。

（七）上通下达的沟通能力

现在创业往往是团队创业，就算不是，上通下达的沟通能力也是创业者生存发展所必备的素质。创业活动需要政府及相关企业进行及时沟通，尽力争取政府部门和合作伙伴的大力支持；团队内部成员之间也要经常沟通思想、增进感情，形成组织向心力和凝聚力。沟通能力，是创业团队稳定运营和发展壮大的必备条件。创业者在沟通当中常常展示其长袖善舞的沟通技巧，和因个人素质修养和能力在创业活动中逐步体现出来的人格魅力。

（八）坚持不懈的强大毅力

创业的过程漫长而艰苦，充满着失败的压力。创业者在创业伊始，一般都面临着资金短缺、人才匮乏、资源稀缺，面对市场壁垒和市场竞争，日常的工作奋斗背后需要百折不挠的精神和坚持不懈的毅力。毅力并不是说说而已的，而是在逆境下如何坚持自己原来的道路；在别人的其他说辞和委婉建议下，笃定地坚持自己的思维方式；在市场竞争撑到最后一口气时，还能够在听到冲锋号角响起时，进入最后的行动。对于创业的毅力，这样的段子描述更加贴切——"今天很残酷，明天更残酷，后天很美好，但绝大多数人死在明天晚上"。

大学生创业，顾名思义是指创业的主体主要由在校大学生和大学毕业生群体组成。从20世纪90年代开始，大学生创业已然不再是新鲜的话题。相关学者也认为，类似硅谷的创业革命是美国经济持续繁荣的基础，而硅谷创业也就成了大学生创业的诸多经典案例。

第二节 创业精神与人生发展

著名管理学家德鲁克曾经指出，世界目前的经济已由"管理型经济"转变为"创业型经济"，企业唯有重视创新与创业精神，才能再创企业生机。创业的动因源于创业精神，因此创业精神对于个人、组织和社会变得日益重要，甚至不可或缺。

创业精神是以创新、变革为核心的个性品质，也是推动社会经济变革、促进社会经济发展的重要力量。它既体现在创业者个体在创业实践活动中所表现出来的独特的市场判断能力、与众不同的行为方式，以及敢于冒险、敢于担当、百折不挠的意志品质等方面，也体现在一个国家或一个企业的技术创新、经营模式创新、管理制度创新、产业创新等方面。它既对个体的人生追求和事业发展具有重要影响，也对企业的发展、民族的兴旺和国家繁荣具有重要影响。

一、创业精神的概念和主要特征

（一）创业精神的概念

创业精神这个概念最早出现于 18 世纪，其含义一直在不断变化。综合已有的创业精神定义，我们认为，创业精神是创业者在创业过程中的重要行为特征的高度凝结，主要表现为勇于创新、敢当风险、团结合作、坚持不懈等。创业精神的基本内涵可以从哲学层面、心理学层面、行为学层面三方面加以理解：从哲学层面看，创业精神是人们对创业行为在思想上、观念上的理性认识；从心理学层面看，创业精神是人们在创业过程中体现的创业个性和创业意志的心理基础；从行为学层面看，创业精神是人们在创业行为中所表现的创业作风、创业品质的行为模式。

创业精神是创业者各种素质的综合体现，它集冒险精神、风险意识、效益观念和科学精神为一体，体现了创业者具有开创性的思想、观念和个性，以及积极进取、不畏失败和敢于担当等优秀品质。创业精神不但是一种抽象的品质，而且是推动创业者创业实践的重要力量。这具体表现在以下三方面：第一，创业精神能让创业者发现别人注意不到的趋势和变化，看到别人看不到的市场前景；第二，创业精神能让创业者在新事物、新环境、新技术、新需求、新动向面前具有较强的吸纳力和转化力；第三，创业精神能让创业者不断地寻找机会，不断地创新，不断地推出新产品和新的经营方式。

（二）创业精神的主要特征

经济学家熊彼特专门研究了创业者创新和追求进步的积极性所导致的动荡和变化，将创业精神看作一股"创造性的破坏"力量。因为创业者采用的"新组合"使旧产业遭到淘汰，原有的经营方式被新的、更好的方式摧毁。管理学家德鲁克将这一理念更推进了一步，称创业者是主动寻求变化、对变化做出反应并将变化视为机会的人。

综观各个学派、各方人士对创业精神的理解，通过对古今中外创业者的创业活动和人格特征的深入分析，我们将创业精神的特征概括为以下几方面：

（1）综合性。创业精神是由多种精神特质综合作用而成的。诸如创新精神、拼搏精神、进取精神、合作精神等，都是创业精神的重要特质。

（2）整体性。创业精神是由哲学层面的创业思想、创业观念，心理学层面的创业个性和行为学层面的创业作风构成的整体，缺少其中任何一个层面，都无法构成创业精神。

（3）先进性。创业精神的最终体现就是开创前无古人的事业，所以它必然具有超越历史的先进性，想前人之不敢想、做前人之不敢做。

（4）时代性。不同时代的人们面对着不同的物质生活和精神生活条件，创业精神的物质基础和精神营养也就各不相同，创业精神的具体内容也就不同。

（5）地域性。创业精神还明显地带有地域特色。例如，作为改革开放前沿的广东，其创业精神明显带有"敢为天下先""务实求真""开放兼容""独立自主"等特性。

二、创业精神对个人生涯发展的影响

创业精神不是与生俱来的，而是在后天的学习、思考和实践中逐渐形成的。创业精神一经形成，就会对人一生的发展产生重要影响。这种影响既体现在创业者创业准备和创业活动的始终，也体现在普通人的日常工作、学习和生活中。从某种意义上说，创业精神不但决定个人生涯发展的态度，而且决定个人生涯发展的高度和速度。

（一）创业精神决定个人生涯发展的态度

作为一个社会人，其生涯发展必然要受到各种社会因素的影响。但是，不同的人由于其生涯发展的态度不同，所以在面临各种各样的发展机遇时，其选择也不相同。而创业精神作为一种思想观念、个性心理特征和行为模式的综合体，必然会对其生涯发展态度具有重要影响。例如，创业精神中思想观念的开放性、开创性，容易让人接受新思想、新事物，形成开放的态度，敢于开风气之先，从而想他人未曾想，做他人不敢做，成为事业上的领跑者。再如，创业精神中的创新精神、拼搏精神、进取精神、合作精神等，能使人树立积极的生活态度，在顺境中居安思危、不懈奋进，在逆境中不消沉萎靡，排除万难、励精图治，重新找到个人生涯发展的方向。有道是"态度决定一切"，在相同的个人禀赋和社会条件下，有创业精神的人因为有更积极的人生态度，所以更有可能发现和把握机会，更有可能取得事业上的成功。

（二）创业精神决定个人生涯发展的高度

创业精神是一个人核心素质的集中体现，它不仅决定了一个人在机遇面前的选择，而且决定了一个人的生涯目标和事业追求。具有创业精神的人，无论是创办自己的企业，还是在各种各样的企事业单位就业，都会志存高远、目光远大、心胸宽广。这样的人不但在事业上会取得更大的成绩，在个人品德和修为上，也会达到更高的境界。

随着国家经济、政治、文化、社会、生态"五位一体"的深入改革，社会结构将发生重大调整，各行各业将在变革中重新达到利益均衡，这既为个人的发展提供了更多的机会，也给其带来了更大的挑战。在这种背景下，大学生如果能够有意识地培养自己的创业精神，让个人理想与社会发展的趋势和节奏相吻合，就有可能使自己事业的发展，达到计划经济时期无法想象的高度。但是，大学生如果在个人生涯发展上仍然沿袭计划经济时期的思维模式，不去主动规划自己的生涯发展，一切等着家长、学校和政府安排，一心想找个安稳、轻闲的"铁饭碗"，就很有可能一辈子也找不到理想的工作，甚至毕业就"失业"。

（三）创业精神决定个人生涯发展的速度

创业精神是一种主动精神和创造精神，这种精神能让人积极、主动、优质、高效地做好自己承担的每一份工作，从而在平凡的岗位上做出不平凡的贡献。实践证明，具有创业精神的人，不管在什么岗位，不管从事什么职业，其强烈的成就动机，其追求增长、追求效益的欲望，都将转化为内心强劲的追求事业成功的动力。在这种动力驱使下，人们会将眼前的工作作为未来事业发展的起点，把握好生命中的每一个机会，做好自己从事的每一项工作。创业精神也是一种求真务实的精神。这种精神的本质，就是实事求是、讲求实效，就是实干苦干、反对浮夸、反对空谈。在人类社会的发展史上，许多企业家正是凭借这种精神，创造了从白手起家到富可敌国的财富神话；许多科学家、思想家、政治家、教育家和劳动模范，也正是凭借这种精神，从一个普通学子成长为举世瞩目的业界精英。当前，我国正处于改革开放的攻坚时期，改革是一条从来没有人走过的路，既不能在"本本"中找到现成的答案，也无法从前人的经验中寻找固有的模式，更不能靠幻想和争论来解决出路问题。在这种背景下，富于创业精神的人，敢于靠自己的实践探索，"摸着石头过河"，会接受更多的挑战，完成更多的任务，取得更大的业绩，因而会得到更快的发展。

三、创业精神对社会发展的作用

创业是一个国家经济活力的象征，一个国家的经济越繁荣，它的创业活动就越频繁。西方发达国家的经济繁荣发展史，伴随着一轮又一轮的创业史。因此，创业被认为是一个国家经济发展和社会发展的推动力，创业精神被誉为人类最宝贵的精神。

（一）创业精神是经济发展的原动力

创业精神对一个国家和地区的经济发展，都具有非常大的推动作用。创业精神不但能够催生大批创业者和新企业，而且能够造就快速发展的新行业。美国是举世瞩目的经济强国，而它之所以能从一个新兴的以农业为主的移民国家，变成世界上最先进的工业化国家，靠的就是美国人民的创业精神。据统计，20世纪30年代，美国全国每年诞生新公司20万家；到了20世纪70年代中期，这个数字就翻了3倍；而至1994年，每年新增企业数达到了110万~120万家，增长了5倍以上，大约平均每250个美国公民就有一个新公司。如今，美国经济的增长方式通过几代创业者的努力已经发生了巨大的转变。据统计，新兴的英特尔、微软和思科三个企业，其年销售额是通用、福特、戴姆勒-克莱斯勒这三大汽车公司的 2.7 倍，其 1 美元创造的年收入为 8.04 美元，是三大汽车公司的近 29 倍。

改革开放 40 多年来，中国经济的发展速度虽然很快，但随之带来的问题，比如食品安全、药品安全、环境污染、产品质量等问题，却令国人无比担忧。这些问题的产生虽然有多方面的原因，但缺少创业精神，缺少真正的企业家，却是其中最为重要的原因之一。因此，当下的中国特别需要创业精神，特别期望企业家承担起应尽的社会责任，自觉诚信经营，自觉维护生态环境，提供"绿色、节能、环保"产品，促进社会经济可持续发展。

（二）创业精神是解决就业问题最有效的措施

今天大多数经济学家都认为，创业精神是刺激经济增长和创造就业机会的必要因素；倡导创业精神，营造有利于创业的环境和氛围，是解决就业问题最有效的措施。在发展中国家，成功的小企业是创造就业机会、增加收入和减少贫困的主要力量。因此，政府对创业的支持是促进经济发展的一项极为重要的策略。诚如经合组织商务产业咨询委员会 2003 年所指出的，"培育创业精神的政策是创造就业机会和促进经济增长的关键"。政府可以实施优惠措施，鼓励人们不畏风险创建新企业，这类措施包括实施保护产权的法律和鼓励竞争的市场机制等。美国就业难是近年来我国面临的最大的社会问题之一。据统计，2015 年我国普通高校毕业生人数已达 749 万人左右，还有大量农村剩余劳动力需要转移，大量的国有企业下岗工人和机关分流人员需要安置。在这种情况下，完全依靠政府和现有的企业，根本无法解决就业问题。因此，借鉴国外的成功经验，弘扬创业精神，鼓励和扶持创业者创业，已经成为解决中国就业问题的根本性措施。

第三节　创业与知识经济发展

科学技术的日新月异和经济社会发展的快速转型，决定了求变才能生存、创新才能发展。同时随着社会的发展，原来以物资和资本为主要生产要素的经济模式已逐渐被知识经济所代替。在现代社会的经济发展过程中，知识经济所创造的社会价值已经远远超出物资和资本经济所创造的社会价值。因此，经济社会发展快速转型、大力发展知识经济的背景，为创业热潮兴起提供了肥沃的土壤和适宜的环境。

如今的经济是世界经济一体化条件下的经济，是以知识决策为导向的经济，它促使我们对身边发生的一切事物重新审视与认识。知识经济形态是科学技术与经济运行日益密切结合的必然结果，是经济形态更人性化的表现形式。

知识经济，又称新经济，是指建立在知识和信息的生产、分配和使用基础上的经济。它是与农业经济、工业经济相对应的一个概念，是一种新型的富有生命力的经济形态。知识经济的兴起表明人类社会正在步入一个以现代科学技术为核心的，以知识资源的占有、配置、生产、分配、消费为最重要因素的新的经济时代。在知识经济时代，全球产业结构正面临着新的重组，因此要发展知识经济就必须进行经济的相应转型。

知识经济的基本特征是知识型企业的大量出现，并在经济活动中起着越来越重要的作用。知识经济使人类的社会生活、产业组织形式、企业的组织与运行方式都发生了巨大变化。在知识经济时代，创业的概念已经不局限于创办一个企业。

一、经济转型与创业热潮的关系

纵观全球创业发展的历史，大体经历过三次创业热潮。第一次创业热潮产生于资本主义的工业革命时期；第二次是"二战"后复苏的商业经济使大量的创业活动不断出现；第三次是20世纪80年代以来的新经济创业革命风暴，是以经济全球化扩张、信息技术高速发展以及知识时代的出现为背景的创业热潮。在经济转型中，创业热潮兴起的原因主要有以下几方面。

（一）科学技术的革命引发创业热潮的兴起

20世纪50年代末，计算机的出现和逐步普及，把信息对整个社会的影响逐步提高到一种绝对重要的地位，人类进入了信息化时代。20世纪80年代，科学技术获得了前所未有的进步，以生物医药、光电子信息、航空航天技术、新材料等为代表的科技革命成为经济增长的技术基础，使资源优势日益让位于技术优势，推动了科技创业活动。传统企业注重生产要素的投入，科技创业型企业则将重心放在生产前端、技术项目转移和知识要素的配置上，即创业企业依托高技术创新成果实现对创业资源的重新配置，并孵化出新企业。同时，在软件开发和大规模信息产业发展的带动下，物业和通信费用的降低和便捷化使得中小企业经营成本骤降，创业变得愈加容易。在以计算机、信息技术发展为先导的现代制造业领域，最佳规模较小或者不存在规模经济，进入壁垒较少，创业门槛较低，为创业提供了大量的机会。新科技革命为创业热潮的发展提供了可能，推动了创业热潮的发展。

（二）生产方式的变革引领创业热潮的方向

经济全球化是指世界经济活动超越国界，通过对外贸易、资本流动、技术转移、提供服务、相互依存、相互联系而形成的全球范围的有机经济整体。经济合作与发展组织前首席经济学家奥斯特雷认为，经济全球化主要是指生产要素在全球范围内广泛流动，实现资源最佳配置的过程。经济全球化体现着一体化特征的世界经济增长关联和依存体系，世界经济正走向一个"增长条件共同体"，各国经济增长在很大程度上得益于全球化的程度。经济全球化不仅促进了生产要素的重新配置，还加剧了各国的竞争。产业阶梯式转移成为世界经济不断发展的重要机制。发达国家高科技产业化程度高、技术成果多，与发展中国家形成了"势差"，这种"发展势差"和"技术势差"往往存在着"互动机制"，发达国家的某些产业可能向发展中国家，特别是新兴发展中国家转移。伴随着这种转移，发展中国家也会获得相对先进的技术和管理经验。另外，新兴技术的发明和发展，也使生产呈现分散化、小型化趋势。由于来自国外的竞争对手不断增加，发展中国家各自的市场行情更加不稳定，一些抓住机遇的创业企业会迅速成长起来。20 世纪 90 年代以后，新兴发展中国家在第三次创业浪潮中表现出色，随之，一批具有高速发展潜力、成长前景好的创业型企业脱颖而出。

（三）创业环境变化推动创业热潮的发展

创业环境在创业者创立企业的整个过程中有非常重要的影响。在垄断体制时代，中小企业的竞争优势与发展潜力受到了限制，其重要性得不到认可。"二战"后，垄断经济体制的崩溃为广大中小企业发展提供了广阔的空间，中小企业在吸纳社会就业、提高市场竞争性、培养企业家等方面都得到了各国政府的认可。近些年来，由于很多国家进一步放松了管制，市场体制和市场结构更加灵活和开放，生产要素的流动与配置更加自由，市场需求和供给也面临着更大的不确定性，这使得规模经济的优势逐渐让位于知识优势和信息优势。众多新兴创业型企业能把科技发展的前沿性与市场需求的前瞻性准确地对接起来，不仅满足了消费者的个性化需求，还开辟了许多新兴市场，催生了许多新兴产业。可以说，创业适应了科技时代市场价值发现和竞争机制由"生产导向，供给推动"向"服务导向，需求驱动"转变的发展趋势。知识和技术作为最重要的生产要素，只有与创业资本相结合，才能使创业成为一国经济发展的主导因素。创业需要社会风险资本和政府政策性融资的支持。20 世纪 80 年代，美国中小企业的成功，电子、信息等新兴产业的蓬勃发展，在很大程度上得益于风险资本和技术创新基金的资助。各国政府纷纷出台扶持政策，推动了创业活动的发展。

二、知识经济时代创业的重要意义

（一）创业对社会的意义

只要简单回顾一下近二三十年间，创业者所创造出的新行业，诸如个人电脑、生物技术、闭路电视、电脑软件、办公自动化、手机服务、电子商务、互动网络、虚拟技术等，我们不难想象出创业者是如何巨大地改变了世界的发展进程和人们的生活、工作和学习方式。

1. 创业可以增加社会财富，促进经济发展和社会繁荣

创业过程是增加社会财富的过程，企业在生产经营的过程中，为社会创造了财富，增加了社会价值，并大大增加了国家的财政税收。企业的产品和服务拉动了国内市场需求，满足了人民生活的需要，丰富了市场，促进了社会经济的繁荣。创业还改变了传统的产业格局，催生了很多崭新的行业，加速了经济结构调整。在创业过程中，社会资源得到优化配置，市场体系不断得到完善，市场竞争活力得以保持。

20 世纪 90 年代以来，美国社会经济、科技高速增长堪称当代奇迹。对此，相关研究

者认为，创业革命是美国经济持续繁荣的基础。据统计，美国95%以上的财富是由1980年以后新出现的比尔·盖茨等新一代创业英雄们创造的。在世界上的其他地方，如欧洲、日本，创业同样推进着经济的快速增长。

在我国，经过近30年的改革开放，创业活动催生了中小企业的迅速崛起。新创的中小企业是中国经济新的增长点，提供了大量的产品和服务，对我国经济持续高速增长，促进我国的城市化进程和现代化建设，起到了重要的作用。

2. 创业可以实现先进技术转化，促进生产力提高和科技创新

创新是创业的主要驱动力量，创业是新理论、新技术、新知识、新制度的孵化器，也是新理论、新技术、新知识、新制度形成现实生产力的转化器。

2010年5月27日，苹果公司的市值超过微软，成为世界上最大的科技公司；2011年9月，苹果公司市值达到8816亿美元。苹果公司如何让自己在短短的10年内发生颠覆性的变化，从而让世界刮起"苹果"旋风，大家为它的每一款产品的推出都翘首以盼呢？归根结底是其可持续发展的技术创新能力。苹果公司在准确把握消费趋势的前提下，通过持续的技术创新使自己始终处于行业领先地位。

美国的相关研究表明，第二次世界大战后，在美国创业型小企业的创新占所有创新的一半，占重大创新的95%；较小的创业型企业的研究开发比大企业更有效率和更为强劲，小企业每一美元的研究开发经费产生的创新是大企业的两倍。

就我国来说，当前中国经济结构调整的重点是发展高新技术产业和进行传统产业的升级改造。而创业往往伴随着新技术、新产品、新工艺、新方法进入市场。科研成果转化型的创业企业，往往伴随着新的技术或工艺的产生与发展。成功的创业企业必然会为社会经济注入新鲜活力，有利于促进整个社会生产力的发展。

3. 创业可以提供就业岗位，缓解社会就业压力

我国人口众多，劳动人口就业问题一直是一个关于民生的大问题，解决就业问题是我国的一个长期任务。目前，我国正处在改革开放后的第四次人才流动时期，在这次流动中，四股劳动大军纷纷拥向中国的劳动市场：一是大学毕业人数激增；二是农村劳动力向城镇转移的步伐还将进一步加快；三是随着我国加入世界贸易组织五年过渡期的结束，国企改革力度的加大和经营机制的转换，下岗工人的数量会继续增加；四是"海归"人数的增加。受人口基数、人口年龄结构、人口迁移及社会发展进程等因素影响，21世纪前20年我国仍将面临较大的就业压力。

中小型创业企业不仅解决了创业者本身的工作岗位，同时也为需要工作的人们提供了大量的工作岗位，提高了就业率，降低了失业率，大大缓解了社会就业压力，从而稳定了社会秩序。

"以创业促进就业"是党的十七大提出的明确要求。创业是最积极、最主动的就业，它不仅能解决大学生的自身就业，还能通过带动就业产生倍增效应。清华大学中国创业研究中心的调查数据表明，每增加一个创业者，当年带动的就业数量平均为2.77人，未来5

年带动的就业数量平均为 5.99 人。因此，让更多的创业者投身创业更有助于提高创业带动就业的效应。

4. 创业可以激发整个社会的创新意识和创业精神，有利于观念的转变

在美国，创业革命使得"为自己工作的观念"深深扎根于美国文化中。在我国，近年来如火如荼的创业大潮使得无数人进入了经济和社会的主流，对于形成创新、宽容、民主、公正、诚信等观念和文化具有积极作用。

（二）创业对创业者的意义

创业是一个伟大的历程，是一个精彩的大舞台。创业起步可高可低，创业的发展空间无限。通过创业，才能有效实现人生价值，把握人生航向。

（1）创业可以主宰自己，充分发挥自己的才干。许多上班族之所以感到厌倦，积极性不高，重要原因之一是给别人"打工"，个人的创意、想法往往得不到肯定，个人的才能无法充分发挥，愿望得不到实现，工作缺乏成就感，行事有诸多约束，往往感觉"怀才不遇"。而创业则完全可以摆脱原有的种种羁绊，摆脱在行为上受制于人的局面，充分施展自己的才华，发挥最大潜能，使自己的人生价值得到更好的体现。

（2）创业可以帮助个人积累财富，一定程度上满足个人对物质的追求欲望。工薪阶层的收入有高有低，但都是有限的，没有太多提升的空间。而摆脱这些烦恼的最佳途径就是开创一份完全属于自己的事业，它提供给创业者的利润是没有极限的，可任你想象。根据统计资料，在美国福布斯富人榜前 400 名富人中，有 75% 是第一代的创业者。而各类名目的中国富豪榜中，以创业起家的也不在少数。

（3）创业能够使个人有机会和实力回馈社会，具有极强的成就感。创业者创造的企业一方面为社会提供了产品或服务，另一方面为个人、社会创造了财富。企业融入社会再生产的大循环之中，从多个环节中为国家和社会做出了贡献。这种贡献使得创业者个人能够从中收获巨大的成就感。

（4）创业使个人能够从事喜欢的事业并从中获得乐趣。创业者选择创业项目，通常都会从个人感兴趣的领域着手，将其与自己的知识技能、专业特长等结合起来，而做自己喜欢做的事本身就是一种享受。

（5）创业使个人从挑战和风险中得到别样的享受和刺激。创业充满挑战和风险，同时也充满克服种种挑战的无穷乐趣。在创业过程中，可以感受到无穷的变化、挑战和机遇，这是一个令人兴奋的过程。创业者可以通过征服创业过程中的重重困难来获得一种激励和快感，丰富自己的人生体验。

三、知识经济条件下创业的主要特征和方式

（一）知识经济条件下创业的主要特征

创业是促使知识经济时代到来的决定性因素。经济的知识化和知识的资本化使创业行

为发生在社会生活的各个角落，使创业成为更多有志者的生活选择。在知识经济时代，创业行为实现的价值以及实现其价值的机会几乎是无限的。计算机、通信等信息技术的发展，改变了人们的时间、空间、知识、智力概念，同时也改变了人们对需求、市场、管理、价值、财富等概念的基本认知。在知识经济时代，创业行为体现出以下五个特征。

（1）创业将更加容易。由于信息产业的出现与壮大，人们获取创业机会与市场信息的渠道快捷容易，技术的日新月异、市场的快速变化、人们生活节奏与方式的变化，使创业机会大大增多。根据市场的需要、企业的需要以及技术的进步进行创业构思并实践，是每个正常人都能做到的。在知识经济时代，人人随时都有创业的机会，只要你愿意。

例如，先有了网站运营、网店经营之后才产生的一种新型的创业形式——网络创业。网络创业主要是经营网站和网店，归根结底就是一种以网络作为载体的创业形式。网络创业与网络营销是不可区分的整体，因为网络创业本身具有网络营销的性质，所以很多时候网络创业的本身就是网络营销，此种形式以网店为主，网站经营也有部分网络营销的成分在内。由于网络创业的网络特性吸引了越来越多的大学毕业生投身到网络创业中来，尤其是从事 IT 行业的青年人，造成了网络创业一浪高过一浪的创业热潮，所以网络创业也是一种具有勃勃生机的创业形式。

（2）知识的快速流动和扩散，使得学生与老师、学习与工作、企业与社会的界限更加模糊。在工作中不断学习，使以往人们对学习是吸纳知识、工作是使用知识的简单认知发生了改变，学习与工作的界限逐渐模糊，这在美国硅谷和我国中关村的高新技术企业中体现得很明显。由于企业与社会界限的模糊，出现了许多创业的新模式，比如在公司内创业、公司鼓励与吸纳新创业的企业、公司支持员工在社会上创业等。

（3）创业与成功的距离更近了。由于创业环境大大改善，创业所需的信息可以快捷低廉地获得，创业所需的资金可以从风险投资家那儿得到；同时，由于企业孵化器、创业中心的大量出现，资本市场的发育，从创业到成功、从投入到回报所花费的时间比以往任何时候都短。

（4）创业的源泉大大增加了。由于知识与技术获取的渠道增多，技术发明者与技术掌握者已经不是主要的创业者来源，知识与技术能够面对更多的人，创业行为将更加普遍。

（二）知识经济条件下创业的主要方式

1.团队创业比例日益增加

创业团队的概念将被普遍接受，创业团队是技术与管理、资金在创办人员方面的组合。一个根据市场需求分析形成创业构思的创业者，不管他是管理者还是技术掌握者，都可以去寻求技术的掌握者或者管理者而形成创业团体。高新技术产业的创业活动更多地采用团队创业的模式，有技术的创业者希望寻求有管理经验、市场经验的合伙人组成创业团队，共同寻求资金创办企业；同样，有管理经验、了解市场、有创业构思的创业者希望寻求能支撑创新构思的核心技术人员加盟创业团队共同发展；有资金的个人投资者、风险投资家同样希望寻找到拥有核心产品或服务、有管理经验、有技术能力的创业团队作为其投资对象。利益共享、风险共担的经营理念不仅体现在企业内部，更加重要的是体现在企业外部，即体现在与供应商、经销商的战略伙伴关系上。

2. 企业内创业日益普遍

企业内创业是企业的管理者及员工在企业内部进行的创业，是一种更广泛意义上的创业。这种创业的动机来源于市场经济条件下，企业谋求生存和发展的渴望。在激烈的市场竞争条件下，一方面，企业承受着"优胜劣汰"这一市场法则的压力；另一方面，又充满了创造财富、壮大力量、实现自我价值的强大动力。因此，企业会不断通过管理机制创新、技术创新、开拓新市场、采用新战略等手段，来改善和发展自己。这种创业与独立创业相比，显然会更安全和更具有普遍性。企业内创业，既包括通常意义上所理解的当企业面临困境时的革命性的战略改变，如我们常说的"民营企业的第二次创业、第三次创业"等，也包括企业在正常甚至良好经营状态下，为维持现状及进一步改进所进行的创造性努力。企业一旦成立，企业内的创业就不会停止，否则，企业要么停滞不前，要么面临亏损倒闭。

3. 母体脱离型创业渐成风气

母体脱离型创业是公司或企业内部的管理者从母公司中脱离出来，新成立一个独立公司、子公司或业务部门。母体脱离创业现象也比较常见。例如，母体发展规模扩大，为追求生产专业化而分出新的业务部门或子公司；共同创业的团体在企业做大后出现意见不统一，因而把母体分割成若干部分各自经营；母体资本积累充足，为扩大经营规模及领域而投资建立新企业。相比之下，母体脱离型创业的成功率更高。因为分出来的新企业，创业者具备一定的经营管理经验，能够吸取母体的经验教训，少走弯路；分出来的新企业，在产品和服务上都不会脱离母体企业太远，多数都在一个行业，甚至只是一个产品的不同部分，因而在产品技术、管理团队的经验和客户资源上，都具备一定的基础；母体脱离企业多数在资金上要比独立创业企业充足，而且因为有过去稳定的客户资源，还可以通过赊原料等方式节省创业资金。

第三章　跨境电商网络营销

第一节　我国跨境电商平台网络营销

本节在梳理跨境电商平台网络营销相关文献的基础上，总结出发展跨境电商网络营销的有效做法，指出其发展过程中存在的问题，同时提出通过保障产品质量、注重建设高质量服务、有效利用大数据等有效对策，以此促进跨境电商网络营销的发展，提高跨境电商平台的竞争能力。

跨境电子商务正处于快速发展的过程中，它不仅突破了国家间交易壁垒，加强了国际贸易联系，而且改变了传统的国际贸易惯例，实现世界经济的转型。近年来，与中国贸易总量增长乏力相比，这将成为未来我国对外贸易新的增长点。目前，跨境电商的发展存在着很多问题，例如不能完全保证产品质量、支付平台的安全性得不到保障、物流落后导致发展缓慢。跨境电子商务平台想要在大数据时代依靠互联网实现进一步的发展，就必须解决这些问题，而其关键就是展开网络营销。网络营销具有传统营销无法比拟的优势：不受时空限制，及时有效地整合和利用各种资源，提高企业运转效率；具有高辐射性，能加速产业间的融合和发展，便于形成优质新兴产业；具有快速蔓延的特点，加快优胜劣汰的竞争；节省了公司的总运营成本。对于跨境电商平台来说，网络营销功能主要包括交互、差异和全面三个特征，实现顾客与平台之间的双向实时沟通，便于顾客更加了解平台和产品，同时平台也对顾客需求有更深入的了解，满足顾客的个性化需求；另一方面，网络营销打破时空的限制，营销活动可以在世界各地进行，相比传统营销，覆盖范围更广，传播时间更长。本节对国内外关于跨境电商网络营销研究进行梳理和评价，总结出发展跨境电商网络营销的关键环节及有效做法。

一、跨境电商网络营销存在的问题

产品同质化严重，质量参差不齐。由于技术欠缺，跨境电商平台难以准确了解目标市场中每个消费者的实际需求。因此，平台以往的营销方式是将目标市场看作一个同质化市场，消费者在目标市场中具有类似的需求特征，并且基于这种需求特征设计制造产品。然而人们的需求是多样化的，很多电商平台的产品丰富度跟不上消费者的需求，产品缺乏个性特点，另一方面，热销产品供应商都有自己的销售或代理商，加重产品同质化，竞争力大大降低。此外，跨境电商平台核心产品类别太少，缺少市场占有率排名高的产品，让其面临严峻的挑战。

跨境电商行业涉及多方市场实体和渠道，导致供应商的质量不同，产品真实性难以保证，各大平台销售假冒商品的情况层出不穷。为了谋取利润，众多商家一味降价销售，陷入无休止的价格战中，而盲目降价销售的产品，质量普遍低劣，非常不利于市场的良性发展。另外，部分入驻商家没有正规的授权资格，真假产品混合销售。市场体系不健全，忽视管理和监督，同时一些平台法律意识薄弱，侵犯知识产权，这造成产品在质量上存在许多问题。

服务质量有待提高。跨境电商平台的服务水平对顾客对于平台的选择造成直接影响，低水平的服务极大地降低顾客的忠诚度，影响顾客的再次消费。服务质量的高低也影响营销效果，不能让顾客满意的服务直接影响产品销量和平台口碑。

跨境电商平台是互联网时代新型的集成中间商，目前正处于成长阶段，提供产品信息、订货、结算、通关、物流、仓储、融资等一系列复杂的综合服务能力欠缺，有待提升；同时，错误的企业战略也阻碍了综合服务能力的提高与发展。

在售后服务方面，由于缺乏公权力和合理有效的纠纷解决机制，纠纷处理困难，顾客对售后服务较为不满，易对平台造成危机。

另外，平台不注重差异化服务，根据市场营销策略理论，在细分市场下，差异化服务组合可以让企业平台区别于对手，提高平台竞争力。跨境电商平台同质化的服务并没有让顾客获得优质的体验。

跨境电商平台在大数据运用上存在问题。大数据技术在跨境电商网络营销中发挥极大的作用。根据大数据技术，跨境电商平台能对消费者行为、意愿进行有效分析，有效把握消费者需求和市场动向，提高网络营销效率。

虽然目前已进入数据时代，但跨境电商平台实际掌握的数据还只是九牛一毛，数据稀缺且价值低。从电商本身考虑，多数电商平台对大数据技术认知不足和投入不足，难以精准全面地分析，降低了营销效果；从人才方面考虑，大数据下的跨境电子商务平台发展势头迅猛，但目前极度缺少复合型的专业人才，同时电商平台对于具有解决实际问题能力的中级电商人才需求旺盛（蔡建惠，2018）。

另一方面，跨境电商平台在收集数据方面，存在泄露消费者隐私的风险。为进行消费者的行为分析，平台必然涉及消费者真实信息。但平台对于保护消费者隐私意识较淡薄，且技术也有所欠缺，若发生消费者隐私泄露情况，不能及时有效的补救。这导致消费者不信任电商平台，消费者为自我保护提供虚假信息或关闭隐私数据的权限，使平台无法收集分析出高价值信息。

物流成本高，时间空间跨度大。由于多数跨境电商平台成立时间较短，在物流方面存在诸多问题。跨境物流相比国内物流，多了出入境和海外运输的过程，空间跨度较大，消耗大量时间和金钱，极大地降低了顾客满意度；物流自动化程度低，信息化程度也不高，特别是国际段的物流信息难以追踪，造成包裹丢失现象，阻碍跨境电商的发展。

从跨境电商本身特征分析，跨境电商具有种类多、数量小、频率高的特征，这加大了海关部门工作量，影响通关流程也增大了成本。

从物流供应链角度分析，一些平台的货物经由保税区到国内销售，跨境产品通关过程烦琐复杂，商品通过时效性差，周转时间较长。

从跨境电商物流体系分析，我国的物流基层设施有待完善，跨境的仓储、运输、通关等方面有待提高，整体跨境电商物流体系不健全，导致物流效率较低。

支付平台安全信任和费用问题。根据研究发现，支付方式要具有多样性、便利性和安全性的特点，只有当消费者认为，通过平台购物的支付环节是受保护且保密的，消费者对其产生信任后，才有可能产生购买意愿。

然而跨境电商支付平台安全信任和费用问题极为突出，电商平台通常使用第三方进行结算，在电子支付过程中，存在系统漏洞导致信息泄露、病毒侵入威胁用户账户安全的风险。同时，结算第三方会收取一定比例的支付费，消费者因此支付更多中间费用。跨境电商的支付手段也具有局限性，买方在进行付款时会受到支付手段的制约。美国亚马逊囊括了几乎所有的在线支付手段，但国内第三方支付平台还尚未全面进入国外市场。另外，考虑到跨境电商交易具有虚拟性，这导致一些欺诈、洗钱等非法行为易发生，使电商交易信用风险增加。

跨境电商人才缺失严重。传统国际外贸企业都在向跨境电商平台转型，对人才的需求也在不断变化，但在当今的国内大学，国际商务专业的人才培养方案仍然采用传统模式，无法满足市场的实际需求。当前跨境电商平台需要人才各方面的综合能力要求越来越高，而目前培养的人才能力单一，缺乏整体性思维，动手能力差，综合能力较低，不符合日益发展的平台对于人才的要求。

根据数据分析，电子商务运营和推广人才对于跨境电子商务平台来说非常稀缺，平台需要人才进行运营和管理，运用网络营销手段对产品进行推广；另外，平台也十分需要一批关于IT和美工的技术性人才，进行产品研发和策划，达到美学和视觉营销效果。

在实际发展中，传统企业营销方案与管理方式并不适合跨境电商平台的建立与发展，当前平台缺失专业的相关管理人才和网络技术人才，因此对平台营销策略改革和创新迫在眉睫。

二、提升跨境电商网络营销相关对策

提高产品差异化，完善产品质量。跨境电子商务平台需要从多方面加强产品质量管理，保证产品质量，消除消费者顾虑。

从产品供应方面，平台应加强完善产品供应链，扩大合作规模，建立多样化合作渠道，为消费者提供更多选择，避免商品同质化。

从保障正品率方面，平台应在售前、售中、售后三个环节都重视对商品质量的监管。售前环节加强商品的供应链管理，寻求稳定的优质货源；售中环节配合第三方检查，打造平台正品保障形象；完善售后服务机制，提高解决问题的效率。

从消费者需求方面，平台应分析用户市场，注重用户分类化，从消费者的客观需求出发提供较为契合的产品，满足其消费心理。

同时，跨境电商平台应完善相关的产品质量和营销方案，提升产品创新意识，关注产品质量，提高品牌效应，但平台应确保所发的商品和平台宣传商品一致，不能为了营销，故意美化代售商品，用劣质商品忽悠消费者。

注重建设高质量服务。在提高服务质量的过程中，首先应了解消费者的实际需求，根据其需求进行合理商品推荐，并做好对消费者信息的保密工作。平台要及时倾听解决消费者意见，对消费者购买后的使用情况进行回访调查，解决消费者的疑问并对自身在营销过程中存在的不足之处进行总结。另一方面，跨境电商平台应深入开展市场调查，分析不同消费群体的消费习惯，从而进行差异化服务，给消费者带来个性化的体验。

在交易过程中，服务水平至关重要，亲切友好、耐心热情的态度能缩短平台与顾客间的距离，让顾客心生好感，提高达成交易的可能性。同时，也要提高解决问题的效率，在售前、售中、售后不管遇到什么问题，工作人员都应耐心、高效地给予解答，合理妥善解决问题。

这些对服务人员的素质、能力提出高要求。所以，平台应加强跨境电商团队建设，对工作人员定期培训考核，组织电商交流会或营销分享来提升工作人员的综合能力。特别注重对接触消费者的一线工作人员的培训，建立标准化的服务体系，有效解难答疑，提高客户满意度。

大数据视角下促进跨境电商平台营销发展的建议。跨境电商平台为了更好地利用大数据进行网络营销，首先应当贯彻大数据思维，包括树立总体思维、容错思维和相关思维替换因果思维。同时，平台应建立大数据精准营销体系，利用大数据获取客户数据，建立核心客户数据库，以此获得客户的精准细分，便于进行市场定位，最后通过大数据跟踪客户，提供增值服务，提高客户忠诚度和重复购买力。对人才建设的投入也必不可少，引进高端数据分析人才，加大数据分析培训力度，建立数据分析团队，此外，平台需加强企业间、校企间的合作，促进人才与技术交流。最后，电商平台可以通过后台数据及时地反映平台的运营情况及存在的问题，通过大数据分析，对产品选择、平台建设和优化、营销方式等方面提供指导性的建议。

但是在利用大数据的同时，加强平台对数据资源的保护非常重要。一方面，为防止员工泄露内部信息，与内部控制员工签订竞业限制合同和保密协议；另一方面，旨在防止非法黑客窃取信息数据，建立大数据处理分析保护系统。

提高效率，降低成本，优化物流服务质量。跨境电商平台在建立与其发展相协调的国际物流体系时，应结合消费者地理分散程度和平台自身物流资源拥有程度。可以选择积极支持现有物流企业拓展国际服务，加大业务力度，形成规模效益；也可以选择努力建设海外存储基地，提高效率，降低物流成本。海外仓有三种设立的模式：自建模式、与第三方合作模式、一站式配套服务模式。三种模式各有其特点，跨境电商平台应结合自身特点，选择最合适的模式，降低成本，控制风险。

另外，平台还可以将跨境物流与大数据相结合，建立基于物流数据的数据分析管理系统，选择最优的送货方式，提高跨境商品存储管理效率和物流速度，缩短商品配送时间，提升用户跨境交易的消费体验。

完善支付方式，保障支付安全。跨境电商平台的支付方式应向多样性、便利性和安全性的特点靠拢。平台可以积极配合支持国内的第三方支付平台发展，与各国银行或者其他支付平台达成协议，同时配合政府支持，开通一条专门的跨境电商结算支付通道，达到安全高效便捷的效果。同时我国第三方支付机构在与跨境金融机构建立合作关系时，应充分简化收付、结算、资金到账等流程，从而提升资金流转的安全性。

跨境电商平台在平时经营中，应主动学习有关第三方支付平台的章程和规则，积极组织工作人员参加行业的法律法规培训，有效维护自身利益以及避免违法违规行为。另外，平台应进一步完善支付软件，必须使用实名认证进行付款，以确保消费者身份的真实性并实时保存交易记录。同时，考虑建立跨境支付信用体系，参考发达国家的做法，可以极大地降低跨境支付风险，保护买卖双方的安全。

加强对跨境人才的培养，建立起稳固的工作团队。通过深化校企合作，拓宽人才的供应渠道。高校和平台企业可以共同修订人才培养方案，共建实践基地，编制课程指导手册。高校的综合能力得到加强，平台更能减少招聘成本，获得高质量人才。另外，可以挖掘从业者的潜力，不断提升其业务能力，同时还可以引进国外的高端人才，满足平台经营和发展的需要。

在工作中，平台需要主动实施和推行人才培养机制，不仅需要加强对新员工的岗前培训，还需要提高关键员工的业务能力，从而进一步提升平台本身的专业性，更好应对未来发生的问题，降低风险性，增强自身竞争力。此外，平台需特别重视对管理人员的培训和激励，因为只有在管理人员有效的管理督促下，其他人员才能得到更好的发展，发挥最大的用处。

在新时代背景下，跨境电商触动着经济的增长点，蕴藏着极大的潜能与发展前景。跨境电商具有方便、快捷、成本低等诸多优点，但相比国外发达国家，我国跨境电商还处于劣势地位，暴露诸多问题，如产品质量、售后服务、支付安全性等，这意味着跨境电商平台要立足自身，改变平台策略，合理利用网络营销，整合多方力量和多种资源，从而增加平台竞争力和知名度。

第二节　跨境电商网络营销渠道简析

国际电商也就是 B2C 发展迅速，犹如 10 年前的淘宝，存在着巨大的商机，速卖通平台就是其中之一，速卖通平台是我最熟悉的一个平台，因此，在此发表对速卖通平台操作的认知以及着重发表网络营销这一方面的个人见解。

一、跨境电商业务概要

跨境电子商务（简称跨境电商）在电子商务贸易往来中，是最高级的贸易形式。位处不同国际区域的交易双方在进行跨境交易时，因为存在着较大的区域距离，所以只能通过互联网或相关的信息平台进行交易。从其特点上来说，其实就是以网络化和电子化来代替传统的国际贸易形式。全球目前使用的跨境电子商务模式主要有三种：B2B、B2C 和C2C。

B2B 的模式与传统的贸易模式没有很大的差别，是在线上发布商品信息，然后在线下成交和通关；B2C 是企业与消费者之间面对面的模式，企业把产品以航空、快递等物流方式托运给消费者。

阿里巴巴在中国打造全球速卖通网络销售平台，目的是让中国的网络经销商与国外的零售商终端以及网店接触，把国内的一些产品以小批量的方式快速销往海外，扩大利润获取的空间，力求获取最大的利润额，在这个网络销售平台中，订单、支付和物流是一条龙服务。别看在这个平台中销售的绝大部分是小商品、小订单，但是在全球中占据的市场却很大。买家采取这种采购方式之后，新的采购潮流正在逐渐形成，周期短、利润高、供货渠道快、支付成本低、支付安全系数大为整个交易过程保驾护航，避免货款受骗。

二、跨境电商营销与传统营销差异分析

传统营销把所要销售的产品通过电视、广播和报纸等媒体传播给消费者，有时还可以通过电话等形式与消费者进行互动。而跨境电商营销只能通过搜索引擎营销等形式与消费者建立联系，与消费者的互动少之又少。如果企业想借助线下推广的活动与消费者群体进行面对面的互动，需要很高的费用，所接触的消费者群体比较狭窄，效果甚差。

网络营销，主要进行跨境电商平台站内营销和站外营销。以速卖通为例，站内营销主要有直通车、四大营销工具（限时限量折扣、全店铺打折、满立减、优惠券）、联盟营销、营销邮件、平台活动，等等。

三、站内营销一般操作技巧——以速卖通为例

直通车主要通过充值钱来给产品核心关键词调价，使产品排名靠前，这是点击付费的一款工具；速卖通在促销产品时，通过会采用限时限量打折扣的促销方式。卖家选择固定的产品在某个时间内设置促销折扣，其目的就是推出新产品、造爆品，清除积压的库存。限时限量折扣：可以先在产品管理里的产品分组里面进行折扣分组，这样在设置折扣的时候比较省事。限时限量折扣一定要紧接着，不能中断，中断的话很多数据也会受影响，比如曝光量，点击率等数据会下降。活动的结束时间计算好，最好是我们在工作的时间，方便延续下次活动，一般活动时间不要设置太长，万一活动期间想要修改运费模板，产品信息之类的，时间设置太长在活动中就不能修改了，还要等到活动结束才能再去修改，打折活动的结束时间最好是数据纵横中实时风暴里面的最佳搜索和购买时间，因为折扣结束之前，下一个活动会显示等待展示，这段时间流量会急剧上升。一个月有 40 个活动，我们要把握好活动个数来设置活动，一般是设置 3 天左右。全店铺打折一个月 20 个活动，我们要把握好活动个数来设置活动，一般设置 1—3 天。全店铺打折最好和限时限量折扣同时打折扣，因为全店铺打折对于超过 50% 的折扣的产品是打折不成功的，所以让限时折扣把这部分折扣补上，打折活动的结束时间最好是数据纵横中实时风暴里面的最佳搜索和购买时间，因为折扣结束之前，下一个活动会显示等待展示，这段时间流量会急剧上升。优惠券分为领取型优惠券、定向发放型优惠券和金币兑换优惠券，领取型优惠券可以根据店铺里面产品的价格，在不亏本的情况下设置相应面值的优惠券，定向发放型优惠券可以发给一些老客户，一些在店铺里面购买次数多的客户。一般一个月优惠券活动个数有 10 个，这个可以时间设置长一点，把握好活动个数来设置优惠券，特别强调一点的是优惠券的有效天数是在买家领取成功后的 7—10 天。优惠券的设置也会给店铺带来流量；满立减一个月的活动个数是 10 个，可以根据店铺里面产品的价格，在不亏本的情况下设置满多少减多少，这个可以时间设置长一点，把握好活动个数来设置满立减，满立减的设置也会给店铺带来流量。满立减和优惠券是可以叠加的，所以要注意产品的利润。采用联盟营销时，要把店铺里所有的产品加入到联盟营销里面我的主推产品，过一段时间如果有新品上传上去也不要忘记把新品添加到联盟营销里面去。联盟营销只能添加 60 款产品，如果有些店铺的产品数量较多的话，可以选一些数据比较好的添加进去，一些平台即将要下架的产品（未续约产品）可以从联盟营销里面移除；营销邮件客户可以根据已交易，加购物车、加收藏夹、五星、四星、购买了 2 次及以上的老客户等来进行分类，并针对不同类型的客户进行发送不同的邮件；这是维护老顾客的一种手段，隔一段时间就把你的店优势产品推荐给他，大促活动，比如黑五、双十一活动改变了国人很多消费习惯，对国外商品的需求量也在不断地递增，但是与国内产品的需求量相比，国外商品在国内市场的销售额远远低于国内的产品。所以要借助重要的节日培育国内消费者海外购买的习惯。好的创意和新鲜感

会带动消费者的好奇心，促进消费者对境外商品的购买量；新品上新，低价促销活动，清库存商品。邮件的营销有利于促进回头客，以及增加曝光率，巧妙地发送营销邮件，注意发送时间、发送频率、发送数量。平台活动是为消费者提供购买决策。它是作为集用户营销、活动营销、口碑营销、商品营销为一体的营销导购平台，为数百万商家提升了品牌价值与影响力。每天检查是否有可以参加的平台活动，找出平台活动更新的时间，在第一时间报名，特别是出单比较频繁的店铺报名成功的可能性会更大；其次要确认库存，有些库存量不足的产品就不要参加活动了，避免发生买家下单不能发货的情况。

四、站外营销一般操作技巧

除了这么多的站内营销之外，站外营销也是很重要的一部分，主要包括国外的一些常用社交软件。那么，有哪些社交媒体适合跨境电商营销呢？

（1）Facebook。在这个全球最大的社交网站里，每天浏览网站的人次超过了 4 000 万。另外，很多小公司也喜欢使用该社交网站，数量估计有 3 000 万，其中超过了 150 万家企业在该社交网站以付费的方式打广告。B2C 大佬兰亭集势、DX 等都利用该社交网站对本企业进行宣传，越来越多的海外营销活动都通过该社交网站，很多跨境电商也在不同程度地关注此社交网站。

（2）Twitter。Twitter 属于微博类型，在这个网站里，注册的用户也很多，目前统计的数量为 5 亿用户。在这个网站里，用户发布信息时受字数的影响，不能超过 140 个字符，但是企业"无孔不入"，巧妙地利用这有限的字符对自身的产品进行宣传推销。在 Twitter 平台上，活跃着很多名人，电商们也会和名人们取得联系，借他们的口来推销自己的产品，让更多的粉丝熟悉、使用自己的产品。2014 年 9 月，Twitter 推出了购物功能键，这对于跨境电商来说无疑又是一大利好消息。

（3）YouTube。YouTube 属于视频网站，全球很多用户每天在这个网站上传、浏览和分享视频。视频在这个网站上推广时，能够取得极好的推广效果，所以该网站得到了很多跨境电商的青睐，为了吸引更多的消费者，可以通过一些有创意的视频进行产品广告的植入，或者找一些意见领袖来评论产品宣传片，都是非常不错的引流方式。

（4）Pinterest。Pinterest 主要是分享图片，跨境电商在营销产品时，离不开图片的宣传，当电商把精美的图片上传到该网站后，买家就会对这些图片产生强烈的兴趣，通过多次对比之后，就能选中自己喜欢的产品，并且下单，促进交易的完成。2014 年 9 月，Pinterest 推出了广告业务。品牌广告主可以利用图片的方式，推广相关产品和服务，用户可以直接点击该图片进行购买。Pinterest 通过收集用户个人信息，建立偏好数据库，以帮助广告主进行精准营销。因此，除了建立品牌主页外，跨境电商网站还可以购买 Pinterest 的广告进行营销推广。与 Pinterest 类似的网站还有 Snapchat、Instagram 以及 Flickr 等。

国外社交网站多种多样，每个软件针对的国家也不同，要选择适合的网站来推广准确的国家，研究外国人的喜好在合适的时间发布，站外推广也是一门大学问。

采用网络营销策略时，因为不同的产品具有不同的特性，不同的市场具有自己的营销特点，所以当产品投入某个市场时，就有必要进行市场调研，调查投入市场的可行性，做好一个可行性的预测。当市场预测的结果显示可以投入产品时，接下来的事情就是借助网络进行各种宣传行为。利用互联网促进产品的销售，可以实施交互式的营销策略，为消费者提供满意的服务。网络营销为企业提供了适应全球网络技术发展与信息网络社会变革的新的技术和手段，是现代企业跨世纪的营销策略。随着经济的发展，计划经济正在转变成为市场经济，市场正在由卖方向买方转变，消费者在市场营销秩序中占据了主导的地位。总而言之，利用网络营销理论能够有效地控制成本，利于更多市场的开拓，利于网络销售平台与顾客保持良好的关系。但网络营销的实施不是某一个技术方面问题、某一个网站建设问题，它还涉及企业整个营销战略方向，以及营销策略制定和实施方面。网络整合营销时代到来了。当一个新产品或新品牌出现时，就要抓住爆款的机会，通过网络宣传、网络传播等渠道，提高产品或品牌的销售量。整合营销就是结合自身实际，积极开展多种营销，选择最适合自己的方式，最大限度地开源节流。达到长期的有系统的深度宣传效果，令企业收到事半功倍的营销效果。

第三节　文化差异下跨境电商网络营销

改革开放以来，我国的对外开放程度不断加深，诸多的企业在"走出去"战略的推动下，积极开拓海外市场。近年来，基于互联网技术的发展运用，跨境电子商务高速发展，而中小企业成了这一环节的主要参与者。目前，为增强相关企业的市场竞争力，企业需要强化不同文化背景下的网络营销策略。

互联网技术的推广运用，带动了跨境电商平台的兴起发展，而各企业为强化市场竞争力，带动更高经济效益的取得，需要分析各地区不同的文化背景，采用不同的营销策略。本节基于此，着重分析了跨境电商业务中跨文化背景的营销策略。

一、文化差异对跨境电商网络营销的影响

作为不同地区人类生活的形态，文化往往包含了一个区域的文学、宗教、价值观念等因素。近年来，国际贸易的强化导致各企业需要研究各地区的文化背景，掌握到营销策略。关于文化差异对跨境电商网络营销的影响，笔者总结如下。

影响用户需求。企业在开展跨境电商网络营销作业的过程中，不能够简单地进行自有产品的发布以及销售，这种营销策略往往会导致营销效率的低下，不利于经济效益的取得。为此，企业需要着重分析文化差异对于用户需求的影响。

由于文化的差异性，各地区对于同一产品的需求存在不同。不仅如此，各地区的消费水平也会对产品的销售渠道以及销量产生影响。诸如在经济落后地区，奢侈品的市场将难以得到有效打开。基于此，企业在推进跨境电商网络营销时，需要对用户进行分类，并依据目标需求，选择适宜的商品。

再者，企业在开展跨境电商网络营销工作过程中，还需要对产品的中文名进行有效的翻译，确保符合当地的用语习惯，防止因为翻译不当而导致的企业形象受损状况的出现。

影响消费习惯。在不同地区文化的影响下，人们的消费习惯也存在差异性。不仅如此，受众的年龄层级也对消费心理产生影响。以美国的消费习惯为例，美国人习惯于超前消费，而网络营销在开展的过程中，需要注重在线支付问题，并提供符合当地消费习惯的支付方式，支持信用卡支付。

也就是说，企业需要依据当地的消费习惯，制定有效的促销策略。在这一环节，企业可以在电商平台上推行现金折扣、买一送一等活动。目前，以西方市场为例，该地区的人民主要将圣诞节、黑色星期五定义为购物狂欢节，为此其需要迎合国外的消费习惯，在当地的购物节假日进行促销。

影响消费喜好。文化对消费者的审美情趣产生较大的影响。一般而言，不同文化背景下消费者会在产品的颜色、符号选择方面存在差异性。

中国的传统文化中，龙是神兽，寓意着权力、地位、吉祥。但是在西方文化的国家领域中，龙往往是邪恶的象征，代表着黑暗、凶恶、残忍。基于此，中国也在跨境电商销售的过程中，需要在产品设计以及包装方面考量到文化的差异性，避免造成不良的影响。一般而言，企业只有注重这些文化的差异性，才能够确保自身品牌产品在当地消费者心中树立良好的形象。与此同时，由于中西方计量单位的差异性，企业也需要强化注意。

二、基于文化差异的跨境电商网络营销策略

为保障我国电商企业在国际市场上的地位以及份额，其需要结合时代的需要深入考量基于文化差异的跨境电商网络营销策略，并在这一过程中做好文化背景调查，防止因为文化差异而带来的风险，扩大我国电商企业的合作领域范围。关于基于文化差异的跨境电商网络营销策略，笔者总结如下。

定位目标市场。伴随信息技术的发展，跨境电子商务获得了蓬勃发展。在这样的背景下，企业一旦缺乏必要的市场调研，往往会导致各项业务的开展存在较大的盲目性，不利于企业营业额的提升。

为此，电商企业需要实现做好市场调研的工作，清晰做好市场定位。在这一过程中，工作人员需要做好文化差异的分析工作，规避因为文化不同而导致的风险。以兰亭集势品牌婚纱的海外市场开拓为例，该企业在尊重文化差异的同时，进一步发挥本土文化的优势，创造了更为优秀的文化产品。

而在推进跨境电商网络营销时，我们也需要依据时代的变化专业市场区域，除了紧抓欧美国家之外，还需要关注"一带一路"的新兴经济体，挖掘这些国家消费者的消费潜力。在这一过程中，企业需要根据产品特点，合理地定位产品消费人群，并积极开展营销。以高档消费品的跨境销售为例，企业可以借助专业的财经新闻网站进行曝光，经常浏览专业财经网站的人们消费水平一般比较高，借助这类渠道可以让产品宣传直达目标人群。

打造自主品牌。为保障跨境电商网络营销额的稳步提升，我们还需要做好自主品牌的创建工作，并完善后续的服务质量以及意识。事实上，上述工作的合理完成能够在最大限度上创造顾客价值，进而实现自身国际市场核心竞争力的提升。

通过对跨境电商平台商品的调研分析发现：尽管网络平台上的商品数量以及种类较多，但是产品的同质化问题较为严重，而且相同性质的商品价格都在网络公布，故而竞争压力较大。基于此，企业需要在网络营销中注重商品的品牌建设，并带动产品核心竞争力的提升。

中国的制造业在商品制作过程中往往注重产品的低价，进而忽视产品的文化诉求以及价值。为此，如何提升产品的品质成了其需要关注的领域。近年来，小米、华为等民族品牌通过跨境电商的渠道积极开拓国外市场，并进一步获得消费者。目前，国外企业在商品制造、包装上注重绿色低碳，而这就对环境保护要求比较高，跨境电商企业要在网络营销中加强对品牌价值观的宣传，增加商品的精神附加值。

加强本土化运营。在进行跨境电商网络营销时，企业还需要强化本土化系统的打造，从而增强用户的平台体验感。诸如，如果中国产品通过网络平台销往美国，企业可以借助亚马逊平台进行，并在产品投放过程中注重 Facebook、Twitter 等社交平台的运用。

不仅如此，企业还可以借助各类网络营销工具的运用，利用好 Google、雅虎等网络搜索引擎开展网络营销。为保障网络营销的效率，企业还可以借助电子邮件广告、博客宣传、网站推广等方式进行推广。除此之外，必要的网络软件也能够为企业的口碑以及市场开拓奠定基础。

在提高顾客满意度的过程中，为规避时差、语言差异等因素对满意度的影响，工作人员可以在本地雇用当地居民进行客服工作的开展，从而确保客户能够获得更准确、高质量的在线咨询。在网络上销售的过程中，产品的图片和文字往往是营销关键要素，因此相关企业在推进跨境电商业务过程中需要强化对于营销细节的关注，诸如对于各种计量单位的转换，防止因为这一因素导致的交易纠纷。

此外，企业在开展跨境电商业务的过程中，需要有效地提升自己的法律意识，注重对知识产权的保护，提高对商标权、专利权的重视程度。在这一过程中，企业需要确保自身对于知识产权的了解，维护自身的权益。

为了进一步带动我国电商跨境贸易的发展，企业需要加强对不同文化背景的分析。本节基于此，着重分析了文化差异对跨境电商网络营销的影响，认为不同的文化会进一步影响销用户需求、消费习惯以及消费喜好，并针对这些问题总结出基于文化差异的跨境电商网络营销策略：定位目标市场、打造自主品牌、加强本土化运营，笔者认为随着相关措施的落实到位以及理念转变，我国的跨境贸易必将获得显著发展。

第四节　社交网络时代跨境电商口碑营销

现代网络技术促进了虚拟社区的发展，口碑营销成为新型的重要营销手段之一。小红书通过口碑营销与跨境电商的结合，将全球好物带给用户。本节以小红书为例，对小红书的口碑营销模式进行分析。

如今我们已经步入了新市场营销的大数据时代，互联网的发展一步步走向成熟，现代互联网技术使我们每个人都生活在新媒体时代，也不断催生着虚拟社区的发展。市场层面的扩散依赖于消费者相互互动的社交网络。社交网络包括节点—消费者—联系—它们之间的社会联系，社会网络的结构影响着扩散过程。网络口碑这一概念可以理解为通过互联网技术传播的与特定的商业产品或者服务有关的受传者的反馈信息，理论上而言，这类信息具有双向传播性和公开性、可信度较高等特点。在众多企业中，小红书凭借自身的口碑营销优势在跨境电商领域做出了自己的特色，通过搜集用户的分享笔记，使其他用户降低搜寻成本，实现用户分享与海外购物的完整闭环。

一、口碑营销的定义

口碑营销很早就为人类所研究，传统意义上的口碑营销，是指不以经济手段为主要方式，通过传统口头上对商品及服务的传播来影响商家的销售和信誉，但在现在互联网时代，口碑营销从传统口头上的评价过渡到网络文字评价，增加了口碑营销的方式，为更多消费者和商家带来了便利。口碑营销是消费者发现产品的基础。在音乐、电影、书籍等产品类别，或者电子游戏中，消费者通常会找到与他们的产品相匹配的产品通过别人的推荐来尝试。

关于口碑营销的定义有很多，许多学者对口碑营销有其新的理解，蒋玉石认为："所谓的口碑营销是由生产者、销售者以外的个人，通过明示或暗示的方式，不经过第三方处理加工，传递关于某一特定产品、品牌、厂商、销售者以及能够使人联想到上述对象的任何组织或个人信息，从而使被推荐人获得信息、改变态度甚至影响购买行为的一种双向互动的传播行为。"他指出其目的是在于企业可以减少宣传的成本，通过软文推广等方式，达到正面的口碑传播效果，使得消费者对产品产生良好的心理暗示从而达到购买的效果。祁定江认为："口碑营销是指企业或相关单位在买方市场条件下，对自己的产品或服务进行某一方面或某几方面的口碑设计，使消费者或其他非生产人员在消费或接触这些产品时所获得的实际利益超过他们的预期，进而通过他们向别人介绍这些产品而促进产品销量增加的一种营销活动方式。"

二、小红书 APP 的定位、特点及营销情况

小红书 APP 的定位是"做年轻人消费的决策入口"。年轻人是注重生活品质，对海淘有需求且有一定消费能力的人群。小红书将笔记系统作为其主推的核心功能，让用户通过海外购物笔记分享社区标记自己的生活，并把生活各方面的经验攻略分享给其他人。小红书为消费者提供既能购物又能得到信息分享的新平台，以消费者体验为中心，结合线上营销和跨境电商服务的方式，通过口碑来吸引更多消费者。

小红书以其突出的特点在各平台拥有一定优势，在发展初期收到大量好评。但在2019 年 7 月下旬，各下载平台纷纷下架小红书，小红书被爆虚假种草产业链，违规宣传，已经下载小红的用户可正常使用，虽然其公关人员表示小红书正在进行整改，加大审核力度，但广告泛滥、假货横行的趋势对小红书的发展无疑是不利的。

三、以小红书为例，口碑营销模式分析

本节对常州市的市民进行了调查访问。我们共发放 300 份问卷调查，调查问卷采取的是网上发放的形式，用时两个月的调查，最后排除无效样本后，获得有效问卷共 293 份，回收居民问卷样本有效率达 97.7%。最终我们对数据进行分类整理，比较分析，得出以下结论。

（1）做年轻人消费的决策入口。随着近年来人们消费水平的提高和网络的不断发展，人们的购物也不再仅仅局限于传统的商场，转向于更方便快捷的网上购物。而作为年轻的购物者，开始追求高品质的商品来提升生活品质。各个企业纷纷开发各种各样的应用平台来推动经济的发展，消费者需求多样化，仅仅靠单一的商业模式不足以拉动内需，需要更加精确的消费者定位和产品定位，小红书把年轻人作为使用主体，抓住现代年轻人通过网络以及新媒体了解资讯的特点，获得更加明确精准的定位：做年轻人消费的决策入口。

18 岁以下的使用者占比为 3.85%，18～30 岁的使用者占比为 84.62%，30 岁以上的使用者占比为 11.54%，整体使用小红书的人群趋于年轻化，这类消费者具有相应的经济能力和主观意识，乐于分享和寻找适合自己的产品和信息，小红书为其提供决策入口和购买平台，为消费者提供一站式服务，通过清晰地定位消费人群从而利用网络社交媒体的推广，能够让年轻人迅速地了解认识该平台。

（2）闭环经营：口碑 + 跨境。

口碑营销。小红书的社区笔记分享，核心是口碑营销。口碑营销使消费者更全面地了解产品并且更容易接受用户分享的购物体验，直接的商业广告易造成消费者的反感。小红书的社区模式，即为 UGC（用户原创内容）模式，通过互联网平台进行分享和展示，调动消费者的积极性，小红书提供了一个可以通过各种形式进行推荐的平台，消费者不再是搜

寻的主体，更是小红书笔记内容的创造者和生产者，营销活动的不同之处就在于它们如何引导有机搜索和特定的电子口碑营销对话，这些间接影响对评估总体营销有效性非常重要。小红书获得了消费者的口碑，利用口碑营销给消费者间接提供了信息渠道，促进了用户的相互联系和产品数据的增加，这是它的特点之一。

本研究还对消费者对自己了解的领域的购物方式进行了分析，其中有 11.54% 的用户选择"对于我了解的领域，我购买商品用时很短，决定得很快"这一选项说明了这些用户不会去犹豫和参考别人的评论，主观直接判断是否购买，小红书对于这类消费者并不占优势，但这是消费者群体的少数，有 88.46% 的用户选择参考其他用户对这类产品的评价，这一选项说明了大多数用户更喜欢在购买前主动搜集其他用户的评价，对商品和服务及想了解的领域的口碑存在很大兴趣，这是现代网络购物社会消费者的心理趋势。小红书正是利用这一趋势开发了大数据平台，对积攒的用户分享数据进行筛选和过滤，根据用户的点赞、收藏和搜索记录，匹配相应的数据信息，满足用户的需要。

跨境电商。跨境电商是时代发展推动的经济形式，是在互联网的发展下出现的海外购物新模式。如今的市场竞争尤为激烈，仅仅以电商化的平台难以凸显一个平台的优势，因此要有明确的定位。社区能够有效利用口碑营销直接为电商企业的发展带来良好的收益。社区所创造的价值关键在于社区成员的互动和知识分享。小红书以跨境电商的形式通过了解消费者的购物需求，满足消费者的消费需求，网上商店"只需点击一下，随时可用，因此被拥有宽带互联网连接的消费者视为快捷方便"。与传统营销方式相比拓宽了其销售范围，同时缩减了销售成本，避免了运输成本和损耗、店铺成本、库存堆积，从而突破了传统的营销方式，获得了比传统营销更少的成本优势。

基于小红书商城，本次调查了消费者在商城的购买情况，有 34.63% 的用户在小红书商城中购买了商品，但 65.38% 的用户并没有以小红书商城作为自己的购物渠道，他们对小红书商城还不了解或是存在顾虑。在购买过的用户里，还对其进行购物品类进行了调查，其中护肤品和化妆品这两类购买者最多，表明使用商城购买的大多数为女性，在小红书商城中购买过商品的用户中，是因为浏览和搜寻小红书笔记而在小红书商城购买的用户较多，因此，小红书笔记对商城购买量的增加有推动作用，两者相辅相成。

（3）竞争与合作。当前，海淘与电商发展迅猛，网易考拉、天猫国际等各类电商企业占据市场，小红书面临着很大的竞争与挑战。小红书以口碑营销与跨境电商的营销模式运行，通过清晰的定位与个性化推荐在市场竞争中占据一定的优势。但其他作为行业巨头的跨境电商在市场竞争中具有一定的地位，且在服务方面较完备，也会给小红书带来一定的压力。

小红书目前虽然用户量较多，但羽翼未满，商城并没有足够多的品牌方入驻。在这样的情况下，小红书意识到了自己的弱项，努力寻求与淘宝等的合作。在 2018 年年底，小红书与淘宝就已经进行过合作试水，在小红书的商家内测版中推出"好物点评团"，所谓"好物点评团"就是淘宝会员可以直接对小红书的笔记进行点评、点赞、收藏等，其中主推笔记为具有较高人气的美妆产品。淘宝用户和小红书用户本身是有很大一部分重叠的，双方的合作也便利了用户的交流。

（4）问题与建议。广告泛滥，用户难以判断真假。小红书的口号是"找到国外的好东西"，但是小红书的用户，难以在众多商家广告中找到真正的"国外的好东西"，平台上由于广告商及品牌方的注入，种草笔记存在刷赞和增加点击浏览量等商业性质的虚假广告问题，并且广告数量较为庞大，这对用户在分享社区搜集有效的购物信息造成较大的困扰。用户难以判断笔记是否为用户的真实体验还是商家投入的广告，长时间将导致用户对小红书失去信任感，最终导致用户的流失。

退换货难。据电子商务消费纠纷调解平台监测了解，小红书是用户投诉的热点跨境平台，退换货难，使得很多用户面对想要购买的产品望而却步，平台失去大量订单，同时也失去了用户的信任，购买过的用户也不会进行二次购买。

建议。为了解决小红书虚假种草问题，小红书应当以口碑营销所形成的大量流量为基础，重视当前的热点商品和话题，对此做出推广，从而加强虚假过时的广告种草审核。对种草与拔草的笔记进行分类，让用户快速找到该商品在购买过的消费者心中的定位。商品的评价对消费者的购买和消费者对商家的信任都有着不可分割的影响。

通过本节对跨境电商的口碑营销模式进行分析，明确了口碑营销的定义和以小红书为例的口碑模式的优点和存在的问题，口碑营销的模式必须建立在真实的基础上，加强商品种草的真实性和跨境商品的正品性，通过口碑营销能增加用户的规模和黏度，从而转为直接的消费者，实现用户流量的变现。

小红书能够成为知名的跨境电商品牌，正是因为对口碑营销的恰当运用。电商时代，网络口碑评价比传统的口碑传播更契合当代网民的心理诉求，从而已经成为消费者进行消费选择的必要前提。但也正是由于口碑营销能够产生巨大的影响力，某些片面性的观点和错误的信息也极易广泛传播，因此市场在规范企业使用口碑营销的道路上依旧任重道远。

第五节　跨境电商企业的自主品牌营销

随着计算机网络的发展，电商有了长足的进步，特别是近些年来改革开放的不断深入，我国电商逐渐向跨境电商发展，在其飞速发展的同时也不可避免地存在一些问题，在新的环境下跨境电商企业要转变传统的营销理念，实现品牌的营销是其现阶段应该追求的目标，自主品牌营销可以促进电商的发展，为其带来价格优势，并能增强其竞争力，提高电商的竞争地位和经济实力。

随着经济的发展，我国的跨境电商数量越来越多，它们创造的贸易总额也在不断增加，因此在我国的经济发展中占据着重要的地位，是我国经济中不可或缺的部分。近些年来，跨境电商企业虽然在快速发展，但是也存在着一些需要解决的问题，这些问题阻碍了跨境电商企业潜力的发挥，没有完全发挥其经济实力，它们以高科技为依托，因此过分依赖高科技，导致其没有正确地调整自己的经营方式，阻碍了其自主品牌经营的发展。

一、自主品牌营销的作用

价格优势。自主品牌营销最主要的作用就是能带给跨境电商企业价格优势。一旦有了自主品牌，那么跨境电商企业就会节省一大部分用于广告的费用，当然还有销售费用，节省费用最直接的影响就是跨境电商企业的成本，有利于降低其成本，从而帮助其获取更多的经济效益；自主品牌不仅可以帮助跨境电商企业降低成本，还能帮助跨境电商企业提高产品的价格，一般情况下，拥有自主品牌的跨境电商企业的产品价格都比一般没有品牌的产品的价格要高很多，由此可见，自主品牌可以给跨境电商企业带来丰厚的利润；电商与传统的销售模式不同，它的买家就是消费者，因此不会扣取中间的费用，这使得其利润更加有保障，不仅如此，在自主品牌的支持下，电商还能在保证自身利益的前提下降低价格，使消费者受惠，从而获取消费者青睐。

增强市场竞争力。无论是哪种性质的企业，面对激烈的市场竞争，要想生存和发展，就必须提高产品的质量，在此基础上获得消费者的关注和喜爱。有了自主品牌之后，电商在定价方面就会有较大的自由度，跨境电商企业可以在不断降低自己生产成本的基础上，适当降低自己的定价，让利于消费者，从而获得消费者的好感，为忠实客户的培养打下坚实的基础，从而保证消费者源源不断光顾自己的产品。具有自主品牌的跨境电商企业通常都是自主研发的产品，这些产品往往都在正规商店出售，这在很大程度上就是质量的保证，在此基础上，电商还要加强科研力度，对原有的产品进行新的改良，从而使自己产品的质量更上一层楼，维护好自主品牌的形象。质量以及消费者的喜爱才能让跨境电商企业健康可持续地发展，才能不断提高其产品的销售量，从而增强跨境电商企业的市场竞争力。

促进经营方式转型。自主品牌营销是可以在很大程度上促进我国跨境电商企业转变自身的经营方式。随着电商的不断发展，相关的物流以及资金都已经从传统的双边向多边转变，逐渐形成一种网状结构模式，这给跨境电商企业从传统外贸向跨境电商业务过渡，面对的消费者更加广泛，并且可以在线了解消费者的需求，从而在自己的产品中增加相应的附加值，满足广大消费者的需求，在不断的竞争中完善自己的营销方式，向更好的方向转变，并建立相应的风险应对机制。自主品牌营销还可以帮助跨境电商企业冲破传统外贸中的困境，实现自身的发展，促进境外市场品牌的突破，从而使其从单一的外贸形式向多种综合方式转变。

二、自主品牌营销的制约因素

意识薄弱。在传统营销模式和营销理念的长期影响下，我国电商的营销手段在很大程度上并没有与时俱进，而是停留在价格营销的阶段，它们都希望通过价格来在激烈的竞争中找到生存的空间，也是以价格战来获取自身最高的利益。我国的亚马逊、京东，还有阿里巴巴这些电商最近几年都得到了迅速的发展，它们依靠多种营销工具来不断扩展自身的发展，比如说在保证质量的前提下不断降低自己产品的价格，从而增加自己的订单，这是它们普遍使用的实现自身经济效益的方法，由此可见我国的跨境电商企业都没有很强的自主品牌意识，不仅如此，由于不同的国家有不同的习惯和风俗，导致其驾驭自主品牌的能力也很差，我国的跨境电商企业还依靠着传统的营销模式，因此很难驾驭自主品牌，虽然有那么几个可以驾驭自主品牌的，但是这种概率毕竟很小，由于规模比较小，所以很难将大规模的电商的自主品牌意识给唤醒。

困境限制。跨境电商企业缺乏较高的自主品牌意识，这是内因，不仅有内因的影响，同时还有外因的影响。外部条件的制约，阻碍了跨境电商企业的进一步发展。

（1）物流。跨境电商企业对物流的依赖性很高，对物流的要求也很高，但是实际中的物流速度以及服务却很不理想，给我国的跨境电商企业带来了很大的难题。由于物流速度比较慢，所以物流所递送的时间一般都很长，不仅时间上没有优势，而且在物流的过程中还会出现一些问题，最常见的就是找不到包裹的情况，正是因为我国跨境电商企业物流的落后与不完善，阻碍了跨境电商企业的进一步发展。

（2）支付系统。支付系统是限制我国跨境电商企业进一步发展的另一个因素。由于不同的国家有不同的支付方式，这给每次的交易过程带来了很多的麻烦，国与国之间的支付系统很难实现对接，但是支付系统在客观上是无法统一的，因此给交易带来了诸多不便，因此在支付的过程中难免会出现困难，直接导致消费者信息降低，最终导致境外消费者的购买力不断下降。

（3）其他问题。除了物流以及支付系统这两个大问题之外，还有一些小问题，比如说电商会面临的关税、质量问题，虽然这些问题不大，而且相对比较好解决，但仍然是跨境电商企业发展中的问题，一样阻碍跨境电商企业的发展。

三、跨境电商自主品牌营销策略

打造高素质团队。跨境电商企业的健康持续发展离不开自主品牌，想提高驾驭自主品牌的能力，提高电商团队的素质是必不可少的。一个优质的电商团队包括了方方面面，即平台操作、物流选择、客服处理以及产品开发，这些能力都是一个优质的电商团队应该具备的，只有具备综合能力才能有效地保证和促进电商企业的发展。就目前的情况来说，我国的很多跨境电商企业所拥有的团队都只是在平台操作以及产品、销售上有很强的能力，但是在品牌营销、销售渠道等方面的处理能力却很差。为了促进电商团队能力的综合发展，提高电商团队的整体素质，必须加强对整个团队的培训，并积极参加多样的电商交流会，此外还要积极借鉴国外优秀成功电商的先进经验，从而增强自身的竞争实力和能力。跨境电商企业要实现自主品牌营销就必须从自身发展的实际现状出发，首先可以在主要的消费地区和国家注册,并与自身团队线上和线下营销和品牌建设相结合,在发展中不断积累线上营销基础的口碑,然后在此基础上对境外市场进行细致划分,并与境外当地的电商进行合作,从而尽快促进自身电商企业品牌的本土化,更加贴近当地的消费者,更容易得到他们的喜爱和消费,从而提高自身的经济效益和销售业绩。最后在此基础上实施主要国家和地区品牌分销战略,甚至是全球分销的战略,促进营销模式从 B2C 向 B2B2C 的方向过渡。

选择优质电商平台。与传统的外贸不同,跨境电商企业所面临的消费者具有不同的采购特点,即次数多、数量少,而且收货时间短,每个消费者对电商提供的产品以及服务质量都可以直接地进行反馈,他们的反馈会形成电商跨境销售的口碑,这些不断积累起来的口碑就会直接影响跨境电商企业以后的销售。做跨境电商的企业很多都是传统的外贸企业,在转型之前交货期都比较长,一般都是半个多月甚至几个月,而且成交的金额很大,往往都是几千到数万美元,当然还有更大的订单。在转型之后,很多跨境电商企业仍然按照传统外贸的思维来经营,难以改变原有的方式,如此一来就很难满足境外消费者的需求了。因此,跨境电商企业在经营发展中要不断地改变自己的经营理念,为更多的小买家提供合适的服务、满足他们的小需求。

优质的电商平台对于跨境电商企业来说是很重要的,因此在选择或发展电商平台的时候,首先就要坚持买家优先的原则,时时刻刻想着买家,并在销售中不断形成良性的口碑,并将其消费体验留在产品的销售页面上,从而维护自身品牌的良好形象。然后跨境电商企业还要注重在平台上专业经营自己的品牌,从而有效地避免与众多的产品混在一起。跨境电商企业在开跨境店铺,或者是建立自己的 B2C 网站的时候都要专业化经营自己的品牌,专业化才是打造自己品牌的途径,而不是将所有的产品都混在一起进行销售。最后,跨境电商企业要在深入分析自己的品牌产品的基础上对所有的境外市场进行细分,从而将不同的产品投放到不同的市场,以满足不同的需求。比如说某品牌的手电筒,在销售的时候就要根据不同市场上消费者的不同需求来打造自己的品牌,海洋附近的国家有很多潜水爱好者,因此在宣传产品的时候就应该侧重于其防水性能,对于内陆国家的消费者来说则需要的是防震耐摔的性能,因此要根据不同的消费需求提供不同性能的产品,才能满足不同的需求,从而赢得多角度良好的口碑,促进跨境电商企业的发展,提高其经济效益。

选择可靠物流公司、支付系统。物流和支付系统是跨境电商企业在发展中面临的最大的两个难题,因此为了促进跨境电商企业的发展以及自主品牌的打造必须选择良好可靠的物流公司、不断完善支付系统。

跨境电商企业要切实地了解自己的品牌以及境外市场的分布特点,和消费者的消费需求,在快捷、灵活的物流公司的辅助下将产品快速地送达给买家。为了保证物流的速度和质量,跨境电商企业应该在保证自身利润的前提下,多与国际知名的快递公司进行合作。知名物流公司有良好的态度和速度,它们可以使消费者在最短的时间内收到货物,而且还可以使其感受到跨境电商企业良好的服务,感受到品牌的魅力,从而提升自己的消费体验。对于货物数量大,而且不是很急的消费者就可以使用国际海运公司进行运送,对于比较急切的, 而且包裹很小的货物就可以选择贝邮宝或者是海购丰运等快递公司进行运送。运用灵活的物流, 才能满足不同消费者的收货需求, 从而提高消费者的消费体验。

为了使交易更加便捷, 跨境电商企业要不断完善自身的支付系统, 比如说利用信用卡以及第三方支付等多种形式进行支付, 满足不同消费者的不同支付需求。

加强与境外电商合作。由于是跨境销售, 因此在物流时间上与当地的电商有很大的差距, 因此为了改善这种情况, 跨境电商企业可以加强与境外电商的合作, 在当地建立仓储点以及物流仓库, 从而实现线上接单快速发货的目标, 让买家可以快速收货, 促进跨境销售的本土化, 从而有效地提高消费者的消费体验, 最终增强跨境电商企业的境外市场竞争力。

跨境电商企业的健康可持续发展离不开自主品牌的构建, 拥有了自主品牌可以享受价格上的优势, 增强自身的竞争力, 转变自己的经营方式, 但是我国跨境电商企业在实际的发展中并没有深刻地认识到自主品牌的重要性, 意识比较薄弱, 而且在物流以及支付方式上存在着很多问题, 都阻碍了它们的发展, 因此为了改变这种现状, 跨境电商企业就必须提高团队素质, 选择优质电商平台、可靠物流公司、支付系统, 加强与境外电商合作, 通过这些措施来打造自身的品牌, 从而增强市场竞争力、提高经济效益。

第六节　跨境电商农产品社交媒体营销工作

在电子信息技术不断发展的今天, 市场销售不断加强与网络技术的融合, 极大地促进了我国商业发展。对于农产品销售来说, 也借助电子商务销往国内外市场, 显著提升了市场份额, 促进农业发展。当前, 人们普遍使用社交媒体, 利用社交媒体也成为实现农产品销售的重要途径。本节从社交媒体营销的概念和主要形式入手, 并分析如何在跨境电商背景下利用社交媒体营销促进农产品销售, 希望具有借鉴意义。

随着"一带一路"政策的提出, 我国农产品出口量逐渐增加, 借助网络通信技术和电子商务技术的快速发展, 我国的社交媒体也在农产品销售中发挥出重要的作用, 社交媒体营销具有成本低、用户数量多、互动性强等优势, 为农户拓展市场、树立品牌起到了重要的促进作用, 进而为农产品跨境营销提供更多的商机。

一、社交媒体营销的概念和主要形式

（一）社交媒体营销的概念

社交媒体作为人们表达自己观点和交换意见的工具和平台, 在电子商务领域的发展中作用越来越大。在信息时代下, 诸多的企业在商品销售中都大量使用社交媒体网络营销, 对于农业资源丰富、农产品种类众多的我国来说, 已经在主力电商平台中进行相关产品的销售，打造了自身的品牌，使得销售量不断提升，促进了农业和相关行业的发展。目前看来，淘宝已经设立了专门的农产品销售板块，农批宝、农宝网也相继开发了专有手机软件，而使用人数数亿的微信、微博等在很多农户心中地位更高，通过多种社交媒体发布和售卖农产品。在社交媒体营销模式逐渐成熟的今天，已经打破了以往农产品销售渠道不宽、销售效率不高的限制，广大农户或者企业都可以拓展市场，寻找商机，打造品牌形象，创造巨大的经济效益。社交媒体营销兼备传播学和营销学特征，在当今的营销模式中更加关注社会化媒体营销，利用其良好的互动性为用户带来良好的体验，同时也更加关注顾客的感受，利用该销售模式具有营销成本低、互动性强的优势，对我国农产品销售具有重要的促进作用。

（二）社交媒体营销的主要模式

目前在国内进行社交媒体营销的平台主要是微博、微信等，在国外主要是使用Facebook 和 Twitter。其中博客也叫做网络日记，可以在个人网页上发表自己的观点，便于进行管理，很多用户都采用叙事性的方法向农户或者消费者提供相关信息，尤其是在微博使用人数庞大的今天，进行农产品的宣传和销售都是有效渠道，可以与商家、客户、消费者建立密切的合作关系。此外，也有从事跨境电商的农产品销售采用 Facebook 和 Twitter，对这两种软件的利用可以打破地域的限制，让不同国家消费者及时掌握农产品的信息。

二、如何在跨境电商背景下利用社交媒体营销促进农产品销售

（一）发布农产品信息，促进农产品销售

对于广大农户来说，在社交媒体中不仅可以展示出自己的农产品，同时也可以展示出农产品的关键种植或者养殖过程，利用图片或者视频分享自己的工作状态，比如说江浙一带的茶叶销售，可以把采摘、晾晒、加工、包装等过程放在社交媒体营销的平台，再如新疆的瓜果如何利用气候优势实现糖分的储存以及如何利用滴灌技术种植，这样会让消费者对农产品更有购买欲，争取消费者的信任。不论是动物养殖还是果蔬的种植，加工成农产品并且实现销售都需要时间，并且农业的发展会受到季节、气候等自然环境的影响，部分消费者对整个制作过程不够了解。因此，可以向消费者发布相关的信息，比如利用文字或者图片的形式把农产品生产过程推送给消费者，可以展示出种植的环境、果蔬如何实现绿色种植、如何进行病虫害防治等；再如禽畜养殖也可以展示出如何进行科学的喂养和管理，宣传绿色养殖思想，通过该方法就会让消费者产生经历农产品生产过程的感觉，有利于提升下单量。在利用农产品社交媒体的过程中，需要细心经营，加强品牌建设，深入挖掘产品的传统文化特征，定期更新内容，加强和商家、消费者的交流，找到迎合消费者心理的销售策略。

（二）与顾客加强互动，增加参与度

在跨境电商销售中，关键在于提升农产品社交平台的关注度，刺激消费者进行消费，在消费者有购买需求后，会向管理平台的农户提出一些问题，比如质量如何保证，具体付款方法，农户在发现提出的问题后需要及时在社交媒体上回复，尤其是对于国外的消费者来说更加需要做到详细地解答，提供更加周到的服务，这样才有利于消费者对高质量产品进行宣传，扩大消费群体。同时，在社交媒体销售过程中，会体现出浏览情况、下单情况、客户评价等情况，农户可以根据活跃情况分析顾客的消费需求，比如购物喜好、组合方式、购物数量、大众口味等，这样也有利于精准销售。当然，也可以定期推出优惠活动，让顾客更有消费者的动力。让消费者来到种植区或者养殖场地也是进行产品销售的方法，比如可以让消费者在水果成熟的季节亲自采摘，就会有效提升顾客的参与度，这些活动画面加入社交平台中同样可以起到很好的宣传作用。此外，要鼓励顾客分享到自己的微博或者朋友圈中，这种宣传方法会起到更加明显的效果。农户还可以通过社交媒体分享商业方法以及经营的点滴，向消费者宣传有机农业的发展，绿色环保产品对人们健康带来的影响，让消费者意识到自己关注的不仅仅是农产品平台，同时也是一个关系饮食健康的平台，以此提升消费者的认同感和品牌忠诚度。

综上所述，社交媒体营销是一种全新的营销模式，对于农产品的营销来说，可以极大地促进销售量，提升市场份额。不过目前看来，在社交媒体营销中存在一些问题，比如说部分农户的文化水平不够，不能熟练利用社交媒体。还有很多的农户缺乏"互联网+"思维，在我国农业跨境电商发展形势大好的环境下，政府需要发挥出作用，积极向广大农户宣传电商经营思想，提供人才及政策支持。

第四章　极需优化跨境电子商务

第一节　跨境电商有待完善的部分

一、跨境电商的现状

近年来，我国跨境电子商务进入爆发式增长期，无论是交易规模还是增长速度都取得了突破性进展，成为我国外贸发展的新引擎。迅猛发展的跨境电子商务并不能掩盖其发展过程中存在的深层次问题，包括产业链还不成熟，亟待进一步完善和优化。本节在分析我国跨境电子商务产业链形成动因和存在问题的基础上，从产业政策、产业基础、产业链支撑服务体系以及产业竞争优势等方面对我国跨境电子商务产业链优化对策进行探讨。

二、跨境电商有待完善的部分

（一）基础信息

网上交易可以匿名，造成交易双方都不知道对方是谁，当发生纠纷或者退换货的时候就存在问题，还有就是税收征收的问题，有关机关很难掌握其基本信息及交易内容，所以应该建立一个供应商的基本信息库，严格审核供应商和零售商，验明法人和营业执照的零售资质并且从政府部门去验证商家的信用状况和过去的经营情况。

（二）通关

跨境 B2B 贸易大量采用航空件邮寄、国际快递等方式，而且网络零售的交易品种多交易频繁，目前 B2B 申报通关仍然采用传统的方式。跨境电子商务的时效性由于通关手续繁琐和检验检疫而得不到保证。所有通过邮寄方式进行的代购活动，所有境外快递企业按照海关总署的规定，使用 EMS 清关派送的包裹不得按照进境邮递物品办理清关手续。这意味着这类包裹必须按照贸易货物通关，然而跨境网络零售有其自身的特点，传统的贸易通关方式并不适应。我国大部分进出口经营权不在小商家手里，跨境网络零售如果没有报关单，那么结汇、退税等都难以进行。此外，跨境电子商务产生的返修商品和退回商品也会被视为进口商品，需缴纳进口关税，这等于是重复收税了，这也是今后亟须解决的问题。

（三）完善市场监管体系

目前我国只有互联网信息服务管理办法，对于跨境电子商务涉及的交易税收以及消费者权益保障等方面都没有专门的规范和标准，出台的电子签名法等几部法律法规都没有相关的规范和标准。我国电商企业通过电子商务平台进行虚假宣传、侵犯知识产权、欺诈行为及非法交易、销售假冒伪劣商品时有发生，海外消费者投诉很多，我国外贸电商的集体形象被毁损了。据世界上最大的电子商务平台统计，中国卖家在完成的跨国交易中投诉率为 5.8%，远高于全球平均水平 2.5%。国外一些电子商务平台特意针对中国商家制定更高的佣金或者更严厉的处罚措施。另外一个制约着跨境电子商务发展的是国内外的标准体系不同步，商品和商标不互认，所以亟待完善市场监管体系。

（四）结汇

中国对于结汇有一些限制的规定，比如每人每年只能兑换 5 万美元。据业内人士估计，跨境电子商务企业中只有一半左右的资金以正规的渠道在中国国内结算，剩余部分则自行消化。这里既有企业通过灰色方式偷避税的原因，也有一部分外汇管制的原因。目前，外贸电商在跨境电子商务结汇方面的便利性和规范性不够理想，急需采取措施改进。

（五）退缴税

跨境电子商务是基于全球化网络建立起来的，是虚拟世界的交易活动，该商务活动没有传统交易的地理位置因素，卖家也很容易隐藏其住所，而消费者只要通过互联网接入交易网站，就可以进行交易而不会在意卖家住哪里。这就造成了税收部门的退缴税的困难和障碍。税收部门的权利一般只能在一国的范围内，超出了这个国家的范围的这种在线交易管辖起来就相当困难了。由于前文提到的跨境电商具有全球性、匿名性、即时性、无形性这些特有的特性，交易都是通过互联网用数据代码的格式传输的，没有报关单，税务局无法掌握交易双方准确的交易金额和数额等具体情况，加上目前税收领域现代化征管技术严重落后，造成退缴税的管控手段失败。对于跨境交易，如何监督、如何征税等一系列的问题都给税务和法律部门带来了新的课题。

（六）跨境交易纠纷处理

网上交易和传统交易最大的区别是看不到实物，仅仅通过图片和描述很难判断是否跟心里所希望买到的东西一致，这必然会带来纠纷。尤其是跨境交易，各个国家的文化、语言、风土人情、消费习惯都不一致，买卖双方的信息不对称更为严重。国外顾客可以选择信用卡付款，而商家很难判定对方的信用和消费能力，有时候收到货后会撤回资金，或者以各种理由拒绝付款，从而让商家损失快递费用和手续费，有时候甚至货物钱款都没了。到目前为止，并没有一个明确的法律法规来解决纠纷，仅是依靠跨境电子商务平台自己来监督预防纠纷的发生。

（七）跨境物流滞后

电子商务相比传统商务模式来说更高效和便捷，电子商务必须具有信息流、物流、资金流的特征。物流衔接着信息流和资金流的上下两环，线上商品交易与线下货物配送两者发展须紧密配合。我国的物流基础设施相对落后，发展建设缓慢，无助于跨境电商的飞速发展；物流管理在整体布局上不合理，没有在地区之间、城市之间进行协调发展；市场准入点低，导致物流公司遍地都是但是没有形成规模，在发展上受到多方面的限制。物流法律法规较多，但都是各地为政，不适合跨境物流的进一步发展；基于物流行业的信息化程度不高，信息混乱不能实现数据共享，是制约中国跨境电商物流业发展的最主要的一个原因；供应链标准化未得到推广，在这个信息化的时代明显落后了。

第二节　相应对策及解决建议

一、相应对策

（一）国家应该运用国家的影响力继续扶持跨境电子商务

为了更好地促进跨境电商发展应该分两步，对外国家要出面联合相关国家，磋商一个互利互惠的政策，双方在协议下公平公正地进行跨境交易。当局应该加强与其他列国间的合作，索求全球跨境电子商务跨境监管合作的新方式，参与国际峰会和谈判项目，创立列国间有关数据安全、计算机犯罪、税收优惠和关税优惠等方面的调和机制和谈判，更好地服务于各国跨境电子商务；当局应该鼓励高校对网上营销、电子商务、语言文化、跨境管理、跨国支付和国际物流等方面人才的培训，重视跨境电子商务的人才培养，在高校设立跨境电子商务人才培养实训基地，改革教学内容和教育方式，鼓励校企多种形式的协作，对在校大学生进行跨境电子商务创业技能指导和培训，为跨境电子商务产业输送实践操作人才、职业经理人和企业家。

对内我国政府应该制定切实、可行、有效并且适合跨境电商特点的法律法规。协调国税局、检验检疫局和海关等众多部门，在对其制定税收制度时，给予合适的税收优惠，并制定分阶段分步骤的纳税制度。2016年国家已经又批准了12个跨境电商的试点城市，可在这些城市里建立跨境电子产业园，在园区里实行差别于传统贸易的规定，利用电脑信息化进行优化流程，施行分批运输，定期申报方法，把货物直接与资金流进行配对并撤销结汇金额限制，在试验园区内对资金流、物流和信息流进行管理汇总，从而解除结汇和退税问题，让跨境电子商务的成本降低。

（二）规范跨境电子商务企业行为并加强市场监管

我国应该完善相关法律法规制度，协调知识产权各个管理部门，提高侵权赔偿标准，提供知识产权咨询和预警服务，利用第三方服务性机构的加入来提高商家的经营管理，创立可信赖的贸易环境，保证商品的质量，提高商家的商誉，提高跨境电子商务企业有关知识产权的发明、应用、治理和维护能力。

要建立和完善跨境电子商务的市场监管制度，建立和完善平日里部门与部门之间的协作和合作方式，加快电子商务信息系统的管理和平台建设，加强跨境电商市场的管制，加强中国跨境电子商务平台和企业标准化和监管，逐步完善跨境电子商务的信用系统，以打击电子商务假冒伪劣，建立跨境贸易电子商务邮件检查和检验检疫，侵犯知识产权的行为监管模式。同时建立跨境电子商务产品质量监督和安全可追溯系统，以加快标准规范网络运营商电子识别交易和网络商品交易行为。建立外贸电子商务交易可信的环境，引导个人海外代购转到专业管理的网站。按跨境电子商务创新和市场监管的发展特点，规范海外代购流程和渠道，不断提高信息化水平的调节，提高发现问题的能力和应急应变能力，为跨境电子商务的发展提供良好的大环境。

（三）优化跨境电商服务支撑体系

首先由海关确定跨境电商企业的资质和交易主体的真实性，然后将报关服务体系与交易主体进行关联。参考对个人物品的监管方法，将电商货物都纳入进出口货物类监管，对于直购进口网购保税等新型通关监管模式有待逐步完善。首先进行电商货物清单核放，然后快速地通关，事后由电商企业汇总申报。跨境贸易电子商务出口货物需要认证，其依据可以是网上交易记录、物流记录或者支付记录等。将跨境电商平台与结汇退税系统、物流与支付系统联网对接，实现口岸监管、分类通关以及全程无纸化通关信息化管理。

其次是跨境电子付款方式也有待完善。支持和鼓励跨境电子支付的研究及服务企业的发展，支持试点企业办理结售汇和境外收付汇业务。外汇管理局验证电商货物交易需要核对在线贸易订单、支付记录与实际通关信息，合格后允许支付企业集中办理付汇相关手续，该笔交易的外汇金额并不列入个人客户结售汇总额。

最后是制定与跨境物流配送相关环节的优化调整措施，为推进贸易便利化进一步完善有关管理规范，发布跨境物流公司服务准则，促进跨境物流配送企业提高质量和效率，鼓励商家和大型国际快递企业、物流配送企业尝试实施多元化配送形式，促进中国物流快递企业向国际化发展。

二、对于中国跨境电商的建议

（一）做好国内外的市场调研

要做好国内外的市场调研。跨境电子商务的市场遍布全世界，去国外做生意前肯定要对这个国家和地区的风俗习惯、商业环境、购物偏好、经济发展水平和法律制度等进行研究和熟悉，以便应对将来有可能发生的风险和纠纷。尤其是要有防范风险意识，对知识产权的研究要正视，把后期麻烦减到最少。

（二）尝试服务外包的模式

可以尝试服务外包的模式，让专业的人做专业的事。企业可以根据自身的具体情况选择将某些专业环节外包给国内外专业服务商，比如管理信息系统编制、广告设计、产品图片设计、店铺装修、供应商质量监督、营销宣传和跨境物流等环节。雇用海外人员直接从事网店客服也是个不错的主意，这样可以更了解和符合目标市场的购物习惯和需求，又避免对新市场贸易环境的认知差距，还可以减少单独组建团队的成本。

（三）加大品牌技术创新

要加大品牌技术创新。借助跨境电子商务平台的大数据技术，能够及时挖掘出顾客的喜好和需求，有利于企业进行针对性的产品销售，联合传统外贸企业打造和发扬光大品牌，打通言路乐于接受和获得顾客的反馈，做好售后服务。商家可以通过现代化的信息手段多方面快速建立线上线下品牌。根据国内外市场的变化，商家应该提升风控能力，加强知识产权意识，控制市场方向，提高创造能力。还需要强化企业分工合作。现在的企业不再会一家独大，市场很大，需要联合才能做大。在跨境商务中，企业之间应该紧密合作，进行经验交流，互通有无，提高共同作战能力，对产品要互补忌重复，要进行良性竞争，而不是恶性竞争。应提高跨境电子商务企业的谈判交涉能力，充分发挥国外商务联合会等自律组织功能，有实力的企业可以在适当的时候尝试企业垂直并购，提高竞争优势。

（四）创新跨境物流服务

创新跨境物流服务。结合"一带一路"的国家战略，可以在市场份额较大的国家设立海外仓储基地，物流企业可以联合产业园区或跨境电子商务网络平台联合打造海外仓，用大批量的方式以海运或陆路运输的形式先将货物运送到仓库，再进行当地发货，提高物流配送的效率，缩短物流周期。

第三节　大数据下跨境电商发展的影响因素研究

电商逐渐成为一个热词，这个词的热度持续不减，一方面与互联网商业的快速发展有关，一方面与人们的购物需求有关。当前人们对各种社交软件的使用越来越多，几乎成为生活中不可或缺的一个重要部分，尤其是加上手机媒体的发展和应用，通过手机可以更加方便地浏览到相关信息，这也给电商的出现提供了一定的条件。传统的电商主要是针对国内范围的，产品的营销也主要是局限在国内，但随着互联网的不断发展，加上人们的生活方式不断改变，电商的范围不断拓展，跨境电商指的是分属于不同关境的交易主体，通过电子商务平台、互联网等达成网络交易协议，进行支付结算和物流跨境配送的一种国际性商业活动。人们对电商的评价褒贬不一，有的人认为电商的发展便利了人们的生活，是一种全新的发展渠道，有的人则认为电商的发展存在很大的信任危机，尤其是跨境电商，涉及的范围越来越广泛，不仅涉及本国的产品，更涉及外国的市场，因此电商交易行为更加复杂。

一、不同领域的电子商务的兴起

在以往的 5 年中，中国对外出口经济每年增长率不及 10%，但当不同领域的电商兴起后，蓬勃发展，2011 年跨境电商的交易额达 1.73 万亿美元，2012 年网购交易额达 2.29 万亿元，跟 2011 年相比，增长 31%，2013 年国内的跨境电商对外贸易的总交易超跨越 3 万亿元。虽然，跟普通的贸易出口的经济收益相比较，跨境电商的经济收益仍占比较小的比重，仅占对外贸易总交易额的 9.6%，但是从 2011 年的 7% 的比重进步到 2013 年的 15%，二者相比增加了 100% 以上，说明这类商务模式正在不断地进步发展。据国家有关部门的估测，中国的跨境电子商务经济收益正在迅猛提高，这将会成为对外贸易的一大重要元素。

二、大数据时代来临

从数据中淘金已经成为国内各大网络公司的共同追逐点，其中就有阿里巴巴公司。截至 2014 年 7 月，阿里巴巴的交易额每日可达 1 万笔，总额超 3000 万美元，两年都保持着 7 至 10 倍的用户增长。2014 年 3 月，阿里巴巴举办数据大会，在杭州召开对于大数据在企业的不同应用的讨论。马云表示：中国正在经历 IT 变成 DT 的时代转变，对于阿里巴巴而言，将在未来的 10 年里，在大数据的前提下，关注基础数据，掌握更多数据原料、残缺数据或者完整数据的服务。在淘宝天猫上，有着近一亿用户，几亿的交易物品。阿里巴巴有着大量的交易信息，其中支付数据是最值得拥有的。

三、大数据时代与跨境电商的关系

（一）大数据时代的定义

大数据也叫做巨量资料，可以将大数据时代理解成为一个海量信息的时代，大数据时代的显著特征是数据量大，但超大的数据量存在的意义是要加强对这些数据的利用，要借助数据挖掘和分析技术，将各种数据应用在相应领域中。当前对于大数据的研究越来越深入，大数据主要表现出几个特点：第一，信息量巨大，在大数据时代，随着信息技术以及互联网的快速发展，各个行业发展过程中产生的数据信息越来越多，这些数据信息的存储越来越便捷，对于企业的发展有重要的促进作用；第二，高速，在大数据时代，通过信息技术和计算机技术、通信技术等各种新兴技术的融合与应用，提高了信息处理水平、传输效率；第三，多样化，在大数据时代，信息类型是多种多样的，可以是文字信息，也可以是各种图片、数字、视频、音频等信息资源；第四，价值，在海量数据中，数据资源产生的应用价值也十分大，通过对各种信息资源的充分利用，可以极大地提高数据应用水平，为各行各业的发展产生重要促进作用。

（二）跨境电商的定义

电商的产生与发展，本身就是对传统经济的一种冲击，带动了网络经济的快速发展。在大数据时代背景下，随着电子商务的不断发展和应用，我国的对外贸易越来越发达，为了进一步促进企业的发展，则必须引导企业加强对大数据的应用，并且能够将大数据应用到企业的跨境电商过程中，促进跨境电商实现跨越式发展。因此，在大数据时代背景下研究跨境电商的发展势在必行。

四、大数据时代背景下跨境电商发展的影响因素

（一）企业内部的因素

作为网络贸易的成功结合，跨境电商的成功，与整个企业的设施机构等的支持是分不开的：企业的网络设备发达、企业成员对于网络研究透彻、对于电商企业能够进行一系列的研究。在国际贸易的不同时期，电商有着不一样的用途，所以电商网站有着不一样的要求。要求网页的加载速度和稳定性、对于物品的信息全面、对于各类消息的及时更新、与客服联系的简便、能够在线对订单操作、提供厂商信息、共同研讨客户的意见、有资料库、对客户的意见认真对待等。

跨境电商可以说是对外贸易与信息技术结合的产物，正是这两种元素的结合，决定了跨境电商的发展必须有一定的基础条件，即企业的内部应该具有一定的信息基础设施，为跨境电商发展做出支持和保障。在企业内部运营过程中，信息化程度对跨境电商的发展有很大影响，而且企业内部员工的技术与素质以及企业的信息系统、维护技术等，都直接决定了跨境电商的发展态势。

（二）外部营销因素

了解国外客户的网购习惯，能够让自己的网站更加容易被大众发现并使用。进行这样的模式，能够使自己的公司产业在世界里展现出来，通过电商达到企业登上世界舞台的目的，达到拥有世界客源的目标，对于客户需要什么，公司应该时刻关注。对外贸易的企业，尤其是主打欧美市场的，欧美国家的电商发展得较为完善，他们更加喜欢利用电商交易。大部分用户都偏爱网购，所以对外贸易的公司也应该加快自身电商的发展。对外贸易的公司应该完善自身电商的各个环节，如若不完善，将会无法在海外市场立足。

企业在跨境电商中发挥了十分重要的作用，企业是制定电子商务营销战略的主体，为

了满足国外更多客户的需求，企业必须加强对国外市场的了解，并且要对这些信息进行综合，从而获得更加全面的消息，设计出更多适合国外消费者的产品，促进企业营销水平的提升。由此可见，外部市场环境对跨境电商的发展也有一定的影响。

（三）领导层决策因素

对于开展跨境电子商务的企业而言，领导者的决策对企业的发展也有十分关键的影响，企业的领导者的决策是跨境电商能否正常发展的重要保证，尤其是对于一些中小企业而言，企业的决策者的任何一个决策，都可能会导致企业飞速发展或者受到影响。上层领导的决策标志着电商的成功与否。对于中小企业来说，国际环境过于庞大，在电商发展需要明确的方向、对于世界的市场拥有一个智囊团，例如建立电商的网络平台，应该根据客户的需求来进行建立，在世界已被认可的平台进行推广。领导不应该只是口头的认可，也应该积极参与到对于各项方针的表决中去，对外贸易的企业还应该时刻关注国际贸易的动向，了解各国用户喜欢什么，对于国际市场的动向一手掌握，在对于方针决策上要拥有全方位的眼光，看向世界，不断创新。因此，企业的领导者必须加强对跨境电子商务行业的了解，对市场进行分析，才能做出更加科学的决策。

五、运用大数据深耕跨境电商

对于许多企业来说，以前企业仅仅使用来自交易产生的数据报表，但随着大数据时代的到来，大量来自网络的数据迎面而来，一部分企业将这些数据拥有并利用，来提高自身经营效率。绝大多数电商希望能够利用所谓的大数据，使得企业得到进步，他们投入大量资金对于大数据经行研究，结果却不尽如人意，大数据仍然停留在云端，并没有带来多少现实的收益。将国内现有的企业对于大数据的使用进行总结归纳，研究先进企业的案例后，我们发现，如何有理化使用大数据来进行自我的发展？我们从接下来的四方面进行描述：大数据用于企业对外销售、大数据用于对内管理、大数据用于领导层决策以及大数据用于产业和核心技术。

（一）大数据用于对外销售

与过去的死缠烂打或者等鱼上钩的模式相比，大数据下的销售模式在各方面都有着优势。大数据的销售是在基于各种用户数据研究下的结果，影响消费者的心理，在消费者购物前，直接影响其对于目标商品的选择。大数据的销售模式除了帮助顾客选择自身所需的商品，使顾客购物方便快捷，还有以下的功能：

1.实现渠道优化

从网络上的数据中了解从何种渠道能够吸引更多的客户、哪种来源的顾客的购买数量比较多、是不是所需的目标顾客等，从而将各种资源有理化地投入所需要的市场中去。例如豪车的经销商，对于客源的追寻，来对网络渠道中的商品资源进行改变，如官方网站、搜索和博客的投放。

2.精准营销信息推送

客户在互联网上对于商品进行搜索查看后，其浏览记录将会留在数据库中，企业希望得到这些重要的数据。一些企业通过对这些数据的收集研究，按照消费者自身的要求来进行发展，找寻自己的顾客，然后根据这些数据，对于万千个体顾客进行消息推送。比如知名的网络服装品牌七格格，其通过对于微博里的用户评论、日常搜索，来分析数据，将一部分可能对其产品有兴趣的用户归纳到一起，对他们实行信息的推送。

（二）大数据用于对内管理

相比大数据销售，大数据在企业的自身管理中，对于企业自身的数据库，以及对于数据的收集和分析要求也是极高的。将企业的大量对外贸易数据以及企业自身内部管理决策数据有理化地相结合，再对其经行专业的研讨分析，对于提高企业内部运营效率的大数据应用包括：

1.优化自身商务网站

利用大数据所提供的信息来改变自己的网络平台。了解消费者对于网络平台的使用习惯以及对于网络平台外观的要求，来不断完善自身的网络平台。

2.改进店内运营

关注客户对于自己网站的评论，研究客户在评论中所表达的需求。了解客户需要什么，利用大数据进行各方面的条件进行研究。最终将自身对于环境客户的了解情况达到极致。

3.提升顾客忠诚度

如优衣库利用大数据来研究客户的忠诚度，如一次购买多种产品的客户类型，以及顾客减少的标志，如曾经进入网站，仅仅是看了看就离开的，然后对此进行一系列的措施，对于可能成为老顾客的人，推动其购买的决心，对于可能减少的顾客，则提高优衣库在其内心的印象。

4.帮助企业进行商品需求预测

淘宝上的化妆品电商，通过网络顾客对化妆品品牌的搜索量来决定是否销售该品牌的产品。

5.提升供应链效率

农夫山泉综合各地区需求、路费、天气、配送范围、季节、不同地区的价格、各地人工成本、突发情况等场景，来决定每个地区分配多少产品，对于线路的指挥、资源的去向，最大限度地节约物流开支。

6.改善对顾客服务

一些电器企业通过大数据了解自身产品的有关性能，及时掌握故障前兆，为顾客提供贴心准确的服务。

（三）大数据用于领导层决策

在大数据时代，企业将面临各种来自网络世界的信息，能否深刻地研究使用这些信息数据，将成为企业优势的一项前提。同利用大数据对外贸易和利用大数据对内管理相比，于将大数据进行合理的收集分析是更难的。因为他需要一种对数据依赖的习惯，已经有少部分的企业开始进行试验。比如国内某些金融机构

在展现出新的金融产品时，会尽可能地分析该产品的实际效果、将会有多少的顾客、各种交易数据和价格数据等，最后才决定是否出售这类的产品。但是，研究表明，目前中国利用大数据进行决策的企业少之又少，大部分的企业领导进行表决时，依旧习惯利用过去的经验以及自己的直觉。

第四节　大数据下跨境电商发展及面临难题分析

经济全球化的背景下和"一带一路"的倡议实施，推动了跨境电商的发展，开启了多边贸易电子商务新商业时代，中国电子商务研究中心发布了《2016 年度中国电子商务市场数据监测报告》，报告显示 2016 年中国跨境电商交易额突破 6.7 万亿元，同比增长 24%，由以上数据可知，我国跨境贸易逐年飞速发展，在带来巨大商业利润和国民经济指标提高的同时，跨境贸易也引发了一些困境和难题，因此解决出现的这一系列难题成为当务之急。

一、中国大数据下跨境电商现状

目前国家政策的支持和大力发展的主要是海外仓库，在其他国家建立的海外仓库，货物通过各种运输方式从本国出口到其他国家，并储存到目的国的仓库内，在目的国本地销售的一种营销模式，国外客户通过网上下单，海外仓库在大数据的协同下，收集客户订单，并快速发出出货通知，直接从卖家本土国发货，从而缩短了订单周期和减少了中转环节，完善了用户体验，为卖家提供一站式集仓储、分拣、包装、配送的服务链。

海外仓的设立，基本解决了以上出现的困境和难题，国内企业将商品通过大量运输的形式，运往目标市场国家，在当地建立仓库，储存商品，然后再根据当地的订单第一时间做出响应，及时从当地仓库直接进行分拣包装和配送，实现目的国的本地销售和配送，海外仓的实施建立鼓励了国内企业走出国门，向跨境电商方向发展，并且大大缩短了配送时间和成本，降低了清关障碍，跨境电商的贸易交易数量大，具有多频次、小批量的特点，报关、安检等操作频繁，同时也加剧了物流成本的耗费，通过海外仓大大降低了物流成本，批量运输有效降低了运输频次，节省了物流成本和通关报检次数，对比我国当前跨境快递公司，海外仓加快物流的时效，如果出现消费者退换货现象，货物可直接运回到海外仓，

无须跨国运回，减少了迂回成本，这既保证了消费者的权益，提高客户满意度，解决了售后问题，也完善了客户需求服务链的各个环节，同时有利于开拓国际市场，推动跨境电商和线下物流同步发展。

二、中国跨境电商企业分析

随着经济全球化和人民生活水平的不断提高，国内消费者越来越倾向网购、海外购，"买全球卖全球"成为经济走向趋势，"一带一路"倡议的实施，正以各种各样的方式和路径催生着跨境企业和平台的发展，互联网的信息流通性带动了商品的国际流动性，目前我国跨境电商企业，像全球速卖通、淘宝、天猫、兰亭集势等企业发展迅猛，下面以全球速卖通和淘宝为例展开分析。

2016年全球速卖通平台进行了C2C到B2C的模式转变，品牌化的重新定位，并整合了数千家品牌商、生产商，与天猫强强联合，资源共享，加强了企业自身的服务保障和风险控制，迎来了跨境电商下的大发展，但全球速卖通合作的快递公司主要是邮政包裹，其时效长，物流成本居高不下，海外客户体验不佳，也是企业面临的主要问题，卖家相关权益不够完善，发展还不够成熟。

淘宝是亚洲第一大网络零售商圈，主要针对国内消费者建立的大型C2C网络零售平台，但是在交易种类繁多的贸易平台中，商品同质化严重，价格低廉也会致使质量参差不齐，售后服务没有统一标准，刷单造假现象普遍存在等等，这些对消费者来说无疑是一个定时炸弹，亟待解决。

全球速卖通和淘宝是分别针对国际消费者和国内消费者的网上贸易平台，相比而言，淘宝发展更加成熟，安全保障体系更加完善，而全球速卖通也具有不可估量的发展潜力，解决目前出现的质量风险、安全风险、社会风险、造假风险等，将会完善平台的运作和管理。

三、针对企业面临难题和困境的建议

通过分析我国大数据下跨境电商现状及跨境电商企业，整合大数据资源，构建全球跨境服务链，服务链的构建是跨境电商中重要一环，可以降低物流服务链中的时间成本和服务成本，更好地为消费者提供标准一体化的物流服务。严格把控平台卖家信誉及商品质量，不管是淘宝还是全球速卖通，平台运营种类多样性的优势下，卖家的信誉也成为一个安全隐患，提高商家入驻平台的门槛，加强平台运营监控及加大售假惩处力度等方法，有利于平台的良性运作。

线下物流模块化服务价值链嵌入全球化价值链。引进国外先进物流设备，加强国内硬件服务。在人员配置方面，重视人员素质，聘用物流达到标准服务水平的专业人才，为了响应长期发展，物流公司需要注重物流专业人才的培养、学历及综合性能力，做到物流服务链集信息流、资金流、物流一体化全方位发展，合理利用大数据，根据消费者位置、时间、偏好等信息，及时对顾客的需求做出预期，建立智慧化平台服务体系，达到线上和线下的契合，并为之努力和创新。

四、国外平台模式分析

亚马逊成立于 1995 年，是美国最大的网络电子商务公司，目前已成为全球商品种类最多的网上零售商和全球第二大互联网公司，亚马逊的发展离不开互联网，更离不开跨境模式的运营，亚马逊之所以能够成为全球标志性跨境电商企业与其自身的物流竞争力密不可分。

亚马逊自成立至今，开创了一个又一个电商仓储物流模式，从汽车房到今天的机器人库房、直升机配送，这些智能化仓储设备引领物流行业的稳健发展，亚马逊现已组建了遍布 185 个国家和地区的全球运营网络。亚马逊也是最早发掘使用大数据的电商企业，人工智能及云技术的仓储物流管理的应用，加快了线上交易与线下物流平稳运行，提出了行之有效的解决办法。人工智能及大数据，提高了仓储作业的效率，亚马逊提出的预测性调拨、跨区域配送、跨国境配送等创新型服务，为物流行业带来开创性引领作用，柔性生产极大地降低了仓储成本和人工服务成本，使仓储逐渐向标准化、智慧化发展。亚马逊电商网络平台已跻身世界一流物流企业，其提供的物流"当日达，次日达"服务，不但提高消费者满意度，而且加强了物流竞争力。亚马逊的物流服务之所以能够远超其他物流公司和快递企业，得益于企业先进智慧型的物流技术，像智能机器人，"货找人，货位找人"的智能模式作业，无人机的生鲜配送等是远超其他跨境电商企业的软实力。通过智能入库管理技术，作业更加规范化、标准化，节省了人工成本，并对包裹做出预期判断，加强各个环节监控和商品的测量，给供应商提供了很大的方便，能够极大提升商品的上市速度。通过大数据驱动的智能拣货和智能算法及后台的数据算法，将拣选路径优化，将传统作业模式以最高效率的路径代替，节省人力、物力和财力，根据先进先出、最佳路径的原则，将仓库的货物随机上架，系统根据库位中的 GPS 标签，标准的记录货物所在的区域。通过智能分仓和智能调拨技术，亚马逊结合大数据管理体系，实现了自动分仓和区域调拨技术及就近备货等便捷方式，"亚马逊物流 + 平台"模式的成熟运用，加快了跨境贸易全球化发展。通过"精准预测，二维码精准定位技术"系统可以预测仓库的库存大小，并及时调整库存，分配库存，及时应对业务高峰期，每个仓库都编写一个特定二维码，通过二维码精准定位仓库，将每个仓库的货品统一编入系统，实现库存信息可视化，货品信息精确可达 99.9%。通过可视化订单作业，包裹追踪技术，不管是消费者还是合作商，都可以通过后台系统监测订单信息，包括包裹在途运输位置和订单状态，从货物发出到收货人手中，对每个环节进行网上可视化追踪。通过亚马逊独特发货拣货技术，将不同种类的货物按方向分开，人员平均分配到各个路由上面作业，中间人员负责监控，每个细节都能充分掌握，这种拣货技术不仅提高了员工的效率，还能降低拣货的差错率，节省人力的消耗。

亚马逊电商平台，从线上营销机制到后台大数据系统机制及线下各物流技术的同步结合，使包裹的每个环节都实现可监控化、智能化，从而大大提高了仓储作业效率及客户满意度。

随着移动互联网的渗透和经济全球化发展，以及"一带一路"经济策略的出台，带动着我国跨境电商走向全球化，但仍然面临着一些困境和难题，结合亚马逊平台发展的模式优势和技术优势，提出可行性建议，为实现跨境电商和线下物流同步发展而做出努力，包括引用国外先进的物流技术，培养专业人才顾问，制定符合实际的营销策略，利用大数据创造客户和平台价值，"以客户为中心"的理念发展跨境电商企业。同时创新是企业长久发展的动力和源泉，在我国政策的支持和带动下，抓住机遇，吸取国外跨境电商企业优势，全球一体化发展至关重要。

第五节　跨境电商人才需求

跨境电商涉及国际贸易和电子商务两大现代服务业领域。其人才表现出较强的专业性和复合性特征。跨境电商人才，既需要掌握一定的外语、跨文化和国际商务知识，了解海外客户的消费需求、消费理念和网络购物习惯，又需要熟悉电子商务基本知识，具备电子商务运作、跨境电商平台管理和营销能力，把握跨境电商的基本规律和发展趋势。目前，我国跨境电商产业发展迅猛，但人才队伍得不到很好的保障，特别是跨境电商企业深受招人、用人、育人方面的困扰，人才总量缺口大，人才结构层次偏低，人才流失频繁，人才问题成为制约跨境电商发展的瓶颈。

一、跨境电商人才队伍现状

（一）跨境电商人才数据统计

今后十年，跨境电商无疑将迅速发展，也将产生对跨境电商人才的大量需求。当前许多跨境电商企业人才缺乏，人才招聘难，人才缺口现象已经凸显。中国电子商务研究中心发布的《2014年度中国电子商务市场数据监测报告》显示，2014年中国跨境电商交易规模约为4.2万亿元人民币，比2013年增长33.3%；从进出口结构看，2014年中国跨境电商中出口占比达到85.4%，进口比例14.6%。数据分析，2010年到2014年中国跨境消费增长翻了十番。

据商务部预测，2016年中国跨境电商进出口贸易额将达6.5万亿元，未来几年跨境电商占中国进出口贸易比例将会提高到20%，年增长率将超过30%，大大超过贸易总体增速（年8%左右），跨境电商交易额已占我国进出121贸易额12%左右，已经开始改变贸易的版图。从全球范围看，跨境电商增长速度已远超全球贸易额增速，当前，全球贸易增速仅3%左右。但跨境B2C的年增长就超过20%，中国在电子商务上走到了世界最前列，有望形成世界级的网络贸易功能区。与此对应，跨境电商、从业人员需求也将持续增长。

（二）阿里巴巴人才队伍现状

2014年，阿里巴巴商学院联合阿里研究院对浙江、广东等地的跨境电商企业进行了调查。发现当前准备或正在从事跨境电商业务的企业主要有以下四种类型：拟涉足线上业务的传统外贸企业；拟向跨境业务发展的国内电子商务企业；以内贸为主的传统制造业企业；新创业的中小微企业。40%的企业表示各类人才都很缺，超过30%的企业急需电商运营推广人才。超过20%的企业急需技术性人才，超过10%的企业急需包括物流在内的供应链管理人才。在未来一年内，几乎所有跨境电商企业都有扩招员工计划。此外，跨境电商专业人才群体呈现出很强的专业性、流动性和渗透性特征。跨境电商专业人才需具备的跨境贸易和电

子商务两大领域专业知识，培养时间较长。即使是一般的操作岗位也不能在短时间内找到替代员工。同时，跨境电商人才的流动性很强。由于人才缺乏，各企业相互之间的人才争夺十分激烈，流动十分频繁，呈现出无序现象。另外，跨境电商人才目前就业适用面很广，已经渗透到外贸企业、传统制造业企业、电子商务企业和新成立的创业公司等多种类型的企业，并逐步向相关企事业单位渗透。

高校每年输送的毕业生对于跨境电商需求来说只是杯水车薪，且还存在毕业生由于缺少适应性专业训练和实践岗位锻炼，易导致工作中解决问题能力、实际动手能力不足和团队合作意识淡薄的情况。难以适应跨境电商的业务需求。跨境电商社会培训机构缺少跨境电商系统性、高水平的教育培训体系和师资力量，也不足以满足市场需求。

二、跨境电商人才需求结构

（一）跨境电商人才需求岗位结构

跨境电商需要的岗位集中在以下几个岗位上：

1. 客服

熟练利用邮件、在线沟通工具。运用英语、法语、德语及小语种等和客户进行交流。另外由于发达国家客户普遍重视自身权利保护，一般企业跨境业务开展3个月以后就会出现投诉、退货甚至触犯知识产权等纠纷。客服尤其是售后客服还需要懂不同国家法律和知识产权纠纷处理的知识。

2. 运营推广

运用网络营销手段进行产品推广，打开市场销路。包括活动策划、商品编辑、数据分析。既精通互联网又精通营销推广，懂得亚马逊、eBay、速卖通等不同跨境平台的规则。

3. 美工和摄影

既精通设计美学又精通视觉营销，能拍出合适的产品图片和合适的排版。

4. 产品采购和选品

根据不同国家人民的消费习惯、文化心理、生活习俗，针对不同国家的消费特点，采购合适的产品，选择有销路的产品，并与供应商保持广泛而稳定的关系。

5. 刊登

懂得数据分析，掌握上传和发布产品的技巧。

6. 物流

懂得国际订单处理和国际物流发货的流程和规则。跨境电商企业的效率取决于仓储物流的管理效率，物流环节既是成本中心，也是利润中心。

（二）跨境电商人才需求层级结构

从事跨境贸易复合型人才大致可以归为以下三种层级：

1. 初级（工具型）

初级（工具型）的特点是，初步掌握跨境电商运营技能，懂得如何在各大平台上进行操作。

2. 中级（商务型）

中级（商务型）的特点是，对国际商务活动的规律有一定的把握，掌握跨境电商技术知识，能胜任跨境电商营销服务、商业大数据分析、跨境用户体验分析、网络金融服务和跨境物流服务，懂得跨境电商"能做什么"的新型专业人才。

3. 高级（战略管理型）

高级（战略管理型）的特点是，掌握跨境电商前沿理论，能够从战略高度洞察和预测跨境电商的特点和发展规律，具有互联网前瞻性思维，知道怎样引领跨境电商产业发展，懂得"为什么要做跨境电商"的战略性人才。

现在众多跨境电商企业处在开疆拓土的阶段，运营、选品、美工是最迫切的工具型人才。随着企业向纵深发展，竞争不断加剧，负责跨境品牌运营，能独立完成企业跨境电商部门或店铺的综合管理的商务型中级人才会越来越热门。有 3～5 年大型跨境电商企业管理经验。能引领企业国际化发展的战略管理型高级综合人才将会一将难求。

（三）跨境电商人才素质要求

由于跨境电商目前所处的行业外部环境是"需求多样、匹配复杂""线下链条长环节多""国家环境差异大""行业化和服务存在瓶颈""出口和进 VI 机会并存""规则和政策敏感度大"。因此，跨境电商人才与传统国际贸易专业、国内电商在人才素质上有很大的不同。

1. 初级人才素质要求

目前企业从事跨境电商业务的人员主要来自企业内部培养和企业外部跳槽。校园招聘的应届大学生一般需要经过一段时间的培训才能上岗。虽然对初级跨境电商从业人员的学历要求不高，一般大专水平以上即可。但须具备创新能力、专业知识消化吸收能力、对困难和挫折的承受能力及市场推广开拓能力。

（1）熟练掌握英语及小语种的交流能力

亚马逊、eBay 等主要跨境电商平台以欧美发达国家作为主力市场，国内跨境电商从业者需要和境外客户在线交流，对英语要求比较高。而 eBay 和阿里巴巴的统计显示，美国等传统市场依然是跨境电商的热点，另外一些新兴市场如俄罗斯、巴西、阿根廷、西班牙、乌克兰、以色列等也迅速崛起。以速卖通平台为例，其 2014 年主推俄罗斯、巴西等新兴市场。短短半年就已取得很好成绩，日均浏览量已经超过一亿，相比去年增长速度为 700%，年交易额增长近 600%，同时在 Alexa 全球排名上，位列 69 位。新兴市场的发展使得对俄语、西班牙语、意大利语、德语、阿拉伯语等小语种人才的需求也急剧增加。

（2）了解海外客户网络购物的消费理念和文化

跨境电商面对的是境外消费者，由于文化和生活习惯不同，其消费理念和国内消费者也有很大差别，这就需要跨境电商从业人员对国外采购者的采购习惯，中国供应商的出口业务现状有一定认识，了解不同行业采购的特点，熟悉某个或某一类行业的商品属性、成本、价格和对贸易的影响，对某些商品的生产、分销、消费者购买习惯等有较深入的理解。

（3）了解相关国家知识产权和法律知识

由于我国外贸企业长期处于低附加值和无品牌贸易阶段。侵犯知识产权时有发生，据部分机构统计（如中国电子商务研究中心），有超过 60% 的跨境电商企业遇到过知识产权纠纷，涉及商标、图片、专利等多种载体。信息发布中还存在商品、价格信息不实，语言翻译不实等问题。跨境电商从业人员需要了解各类电子商务相关法律，如《中华人民共和国商标法》《中华人民共和国著作权法》《中华人民共和国专利法》《互联网信息服务管理办法》《网络信息传播权保护条例》等。

（4）熟悉电子商务技术，尤其是熟悉各大跨境电商平台不同的运营规则

跨境电商由于平台众多，如 B2B 有阿里巴巴、敦煌等，B2C 有速卖通、兰亭集势、eBay 等，从业人员必须熟悉各种跨境电商网站的运营规则，具有针对不同需求和业务模式进行多平台运营的技能。对主要电商网站的引流、转化等有一定的认识。具备文案撰写、图片处理、广告推广、网络营销、交易纠纷处理、关键词与搜索引擎优化等技能，能利用网站后台进行订单跟进和客户维护。掌握相关业务的记录和分析技能以及基本的用户调研和网站数据分析能力。

中高级人才素质要求

（1）具有实现"高效匹配"和"安全保障"的能力

由于跨境贸易链条长且国家环境复杂，国家选择、平台选择、物流方式选择，对于跨境电商运营都十分关键。这就要求从业人员有能识别国家差异、需求差异、贸易链重组的视野。能够针对不同需求、国家环境选择不同的平台、服务、合作方和运营策略，针对不同行业、身份的客户选择不同的交易模式、验货交货、支付、保险、物流和清关方式。

（2）具备"接行业地气"能力，具有"一站式服务"思维

跨境电商当前行业化、纵深化趋势明显，交易过程中的一系列服务的作用凸显。跟单验货、物流、退税、金融的作用有时候甚至高于拿订单的价值。未来跨境电商更大的作用将是产品开发设计，对行业进行垂直细分以及在此基础上的精细化操作。这就要求从业人员能够"接行业地气"，具备"一站式服务"的思维。

（3）具有"本地化"思维导向

跨境电商意味着对国际化流量引入、国际营销、国外当地品牌知识等有更深入的了解，需要对海外贸易、互联网、分销体系、消费者行为有很深的理解，远远超出日常国内的电商。跨境电商最后的竞争不仅仅是成本价格的竞争，更是本地化服务的竞争。

（4）具备较强的政策和规则敏感性。

由于电子商务的发展，全球贸易规则正在发生巨大的变化。需要跨境电商从业者及时了解国际贸易体系、政策、规则、关税细则等方面的变化。对进出口形势也要有更深入的了解和分析能力。

三、跨境电商人才主要问题

（一）当前跨境电商人才结构层次偏低

当前国内的跨境电商从业人员多为客服人员和基本业务操作人员，缺少能胜任跨境电商营销、商业大数据分析、用户体验分析、国际金融结算和供应链管理的中高端人才、新型人才和复合型人才，更加缺少熟悉电子商务前沿理论、洞察跨境电商发展规律、引领跨境电商产业发展的战略性人才和领军人物。

（二）熟悉跨境电商业务的专业人才缺少

当前跨境电商虽然刚刚起步，发展速度却非常迅猛。伴随而至的是大量的人才需求，特别是兼具对外贸易和电子商务能力，熟悉跨境电商业务的复合型人才，目前这样的人才企业很难直接从外部招聘到，只能由企业内部培养。虽然近年来国内企业中电子商务的应用得到了很大提升。但是不少企业还是没有把电子商务作为企业发展的战略增长点来培育和推进，缺乏电子商务技术和管理人才，企业主要以传统的方式进行生产和营销。很多企业在网上的商务活动仍然以广告宣传、寻找供应商或代理商信息、网上询价、洽谈等初级电子商务应用为主。企业间电子商务大多还处于线上洽谈、线下成交的状况，大宗商品网上交易的比重还比较低。这种状况不符合当前产业发展形势的需要，也影响了企业自身发展。

（三）跨境电商人才流失率较高

跨境电商作为一个新兴产业，与传统产业相比，人才流动性大，流失率高。首先，跨境电商企业创办周期比传统企业要短，除了专门的猎头公司，许多新办企业也四处招聘专业人才，地区间、企业间挖人情况普遍，导致企业人才大量流失。其次，目前跨境电商企业大多处于创业阶段,企业文化尚未形成或巩固,企业制度不全,也导致队伍不稳定。再次,80后、90后员工开始成为电子商务企业的主流人员,一方面青年员工富有激情和创造力,推动了行业的快速发展;另一方面又兼具鲜明的个性和超现实的价值观,这又给企业管理带来了挑战。

(四)企业培养跨境电商员工成本居高

随着跨境电商的高速发展,跨境电商企业培养员工的成本也普遍高涨。跨境电商因业务涉及面广,从业人员所需知识结构较为复杂,目前一个最基本的跨境电商客服人员也需经过3个月的脱产培训才能上岗,直接培训成本需6000元以上,如果统计误工引起的业务损失等机会成本,则培训成本高达几万元。而且去年以来,电商客服的年收入已从约3万~4万元普遍涨至5万~6万元,主管级别的年薪甚至达到10万元以上。跨境电商高端人才更是高薪难求,国际贸易营销总监、O2O策划总监、大数据处理架构师、物流总监等相关岗位已经成为职场薪水排名前10的职位。

(五)学校专业人才培养与企业需求错位

由于我国长期以来形成的学历教育导向。高等教育的电子商务专业人才培养工作,往往是按照学校或教育界的评价体系来开展,从而形成了学校教育与产业发展的脱节,导致学校人才培养规格与企业需求的错位。另外,跨境电商发展规模、发展模式变化很快,相应的理论体系和知识结构不太成熟,需要在实践中不断完善,很多大学毕业生由于缺少适应性专业训练和实践岗位锻炼而导致工作中解决问题能力和实际动手能力的不足。同时也因职场生涯教育缺少而导致团队合作意识淡薄,难以适应企业业务发展和企业管理需要。企业在招聘电子商务专业毕业生时不得不花费大量时间和人力做岗前和岗位培训工作,以弥补学校教育和管理的不足。

四、跨境电商人才队伍建设保障机制

(一)构建以市场需求为导向的人才培养体系

1.加强高校跨境电商专业人才培养

政府应加大促进高校开展跨境电商专业人才培养力度:设立跨境电商专业专项建设资金,引导有条件的高等院校,开设跨境电商专业;鼓励现有外贸、国际商务、市场营销和商务英语等专业根据市场需求向跨境电商务方向发展转型;对于现有小语种专业,鼓励其培养兼具商务素养的应用型复合人才,鼓励增设培养跨境电商人才的小语种专业。

虽然跨境电商人才培养体系尚不成熟,但亦有一定基础。阿里巴巴商学院已经率先面向跨境电商产业和浙江外贸企业转型升级开展人才培养的探索,其国际商务专业专注于跨境电商人才培养,已被评为浙江省"十二五"普通本科高校新兴特色专业。通过高等学校的系统教育,培养出具有良好的国际视野和国际化思维、深厚的国际商务素养、较强的电商专业能力和跨文化沟通能力，胜任在拓展海外业务的公司从事跨境电商运作与管理工作和国际商务活动策划，以及在政府相关部门管理跨境电商活动的应用型、复合型国际商务高级专门人才。

2. 构建跨境电商人才社会化培训体系

政府有关部门应加大组织力度，一方面，要组织引导行业协会、院校、社会培训机构开展跨境电商培训，根据培训的情况，给予场租费、资料费、讲课费等费用相应比例的补助。另一方面，要加大企业对其员工开展跨境电商培训的政府扶持力度。将跨境电商专业知识与企业主流技术和文化融入培训中，保证最高效率地适应和促进企业发展。总之，政府既要动员社会力量"办培训"，又要直接为企业"补培训"。对跨境电商企业招聘新员工从事跨境电商工作，签订劳动合同和参加社会保险满一年的，给予企业每名新员工一次性的定额员工培训补贴。鼓励跨境电商企业加大职工培训投入力度，提高职工培训费用计入企业成本的比例。

3. 打造专业的跨境电商师资团队

政府或社会培训机构牵头，组织高校学者、跨境电商行业专家、跨境电商从业精英等组成技能名师队伍，定期开设跨境电商师资培训班。对高校相关专业教师及跨境电商普通员工进行培训，使他们及时了解和掌握跨境电商领域新规则、新技术、新理念、新动态，及时解决跨境电商领域出现的新问题。

4. 开展跨境电商人才校企合作定制化培养

政府应积极推动校企合作，开展跨境电商人才定制化培养。解决高校培养目标与跨境电商公司人才需求的错位问题。鼓励高校根据社会需要、市场需求方向。改革教材体系、教学内容和教学方法，提高学科与产业、专业与就业的契合度。鼓励企业根据其人才需求，与对应高校在师资、技术、办学条件等方面合作，建立校企联合培养人才的长效机制。比如，企业可与有关院校签订定制培养协议，由学校根据用人单位所需的人才规格和数量培养创新型、应用型、复合型和技能型人才。学校也可通过聘请"企业导师"，推行产学研联合培养学生的"双导师制"。实现生产、教学、科研三者的有机结合。

5. 打造跨境电商在线学习公共平台

鼓励依托高校和企业资源，开发跨境电商在线学习公共服务平台。通过学习平台。开设跨境电商实践操作系列课程。对所学课程核发相应学分，颁发相应职业资格证书。面向全社会开放，以分享、透明和共同促进的理念，依托企业进行市场化研发和运营，开展跨境电商所需的各类人才的教育培养工作。

（二）加大发展和引进跨境电商人才力度

1. 培育和引进一批跨境电商领军人物

根据各地政府跨境电商产业发展的战略，实行顶层设计、科学布局。坚持"铺天盖地"与"顶天立地"并举，采取"一事一议、一企一策"的办法。培育和引进国际领先的跨境电商领军人才及其创新团队，强化"顶尖人才＋重大项目"招商。带动电商产业链的拓展和中小微企业的发展。比如，杭州市的相关政策规定，跨境电商高端人才带项目落户杭州的，对投资额1000万元（含）以上的项目，参照产业化项目给予优先扶持。对于投资跨境电商的浙商回归项目，可同时优先享受省、市有关浙商回归一系列优惠政策和服务。对符合条件的跨境电商领军人才及其创新团队，财政给予住房补贴、安家费、科研启动经费等资助。优先纳入市"521"计划、市杰出人才奖等项目。同时，鼓励国内外跨境电商领军人才采取柔性流动方式来杭从事跨境电商兼职、入股、科研等工作。

2.培育跨境电商企业和跨境电商人才中介

一方面，传统企业贸易方式转型需要大量的跨境电商人才；另一方面，大量高校或社会培训机构毕业出来的跨境电商人才需要找到就业单位，有创业意向的人才需要找到投资和货源，企业和人才缺乏对接的渠道。建议政府、行业协会、高校及培训机构联合发起设立"跨境电商人才对接服务中心"，有针对性地开展跨境电商企业对跨境电商人才的需求调研，跨境电商人才的组团和企业跨境电商运营项目对接等活动。

3.建立、健全跨境电商人才激励机制和保障措施

（1）改进科技奖励办法

重点奖励对跨境电商产业创新发展有重大贡献的杰出人才和科技成果，推动科技创新由成果供给主导转向产业需求主导。支持高校、科研院所在科研人员职务职称晋升时考虑科研成果产业化的业绩。明确科研成果知识产权的归属，完善利益分享机制，充分调动科研人员将科研成果转化成生产力的积极性，着力解决科技与经济"两张皮"现象。

（2）加强跨境电商人才激励

对于高层次跨境电商人才，重点在三方面进行激励。一是创业性奖励。对跨境电商创业领军人物、跨境电商技术领军人物及为跨境电商发展做出重要贡献的人才，给予不同程度的奖励。二是团队性奖励。对于跨境电商人才团队，可单独设立跨境电商人才引进专项资金，用于团队建设、经费支持和设备使用，在项目经费使用方面给予充分的自主权，实行专项评估申领、专项监督运行、专项审计验收制度，形成项目、人才、资金、政策四位一体的互动机制。三是生活性奖励，加大推进人才税收优惠力度。对于符合条件的跨境电商高级管理人才、高端营运人才、核心技术人才，连续3年部分或全额返还个人收入所得税。同时，探索跨境电商人才奖励抵偿制度，如以奖抵医疗补贴制度、以奖抵住房补贴制度和以奖抵税制度等。

（3）落实跨境电商人才安居保障

通过政府引导下的市场化运作，多渠道多形式解决跨境电商人才居住问题。一是实施高端跨境电商人才购房资助项目。高端跨境电商人才首次购房可提供一次性购房补贴，补贴资金可通过政府特殊拨款和用人单位配套资金来解决。二是实施跨境电商人才公寓项目。按照只租不售原则，在电商创业园、产业集聚区、高科技园区、大学园区等区域集中建造人才公寓，为跨境电商人才提供住房租住。有突出贡献的跨境电商大企业大集团可利

用原有土地建造人才公寓。解决引进高层次人才的住房问题。三是完善住房公积金办法。针对跨境电商人才，制定出台住房公积金支付人才公寓租金政策。

（4）探索人力资本产权激励措施

根据按劳分配和按生产要素分配相结合的原则，考虑知识、技术、管理等生产要素的贡献，对从事专业技术的跨境电商高端人才按技术成果等"知识资本"参与分配，对从事经营管理的跨境电商高端人才按"管理资本"参与分配。具体方式可由企业给予专业技术人才和经营管理人才的创新成果购股选择权，或根据企业情况灵活选择多种个性化激励方式。无论是"管理资本"参与分配，还是"知识资本"参与分配。生产要素激励要与国际市场接轨。真正实现一流人才、一流业绩、一流报酬，快速做大做强。

第五章 跨境电商："一带一路"国家战略下的掘金机会

第一节 电商新势力："互联网+"时代,下一个千亿级风口

一、跨境电商的 3 个发展阶段

出口是拉动我国经济持续发展的"三驾马车"之一,在经济社会发展中占有重要地位,也是我国实施"走出去"战略、增强国际影响力的重要途径。随着互联网为代表的新一轮信息技术革命的到来,我国的对外贸易产业也在积极进行互联网化转型升级,探索合适的跨境电商模式。

1999 年阿里巴巴的成立,标志着国内供应商通过互联网与海外买家实现了对接,成为我国出口贸易互联网化转型、探索跨境电商的第一步。在十几年的发展中,国内跨境电商经历了从信息服务到在线交易,再到全产业链服务三个主要阶段。

(一)跨境电商 1.0 阶段(1999 ~ 2003 年)

这一阶段从 1999 年阿里巴巴成立开始,一直持续到 2004 年敦煌网上线。这是我国跨境电商发展的起步摸索阶段,主要是将企业信息和产品放到第三方互联网平台上进行展示,以便让更多的海外买家了解到国内供应商的信息,促进交易量的增长。

由于互联网发展水平和其他因素的限制,跨境电商 1.0 时代的第三方互联网平台,主要是提供信息展示服务,并不涉及具体交易环节。这时的跨境电商模式可以概括为线上展示、线下交易的外贸信息服务模式,本质而言只是完成了整个跨境电商产业链的信息整合环节。

当然,这一模式在发展过程中也衍生出了一些其他信息增值服务,如竞价推广、咨询服务等内容。至于平台的盈利模式,主要是向需要展示信息的企业收取一定的服务费,本质上是一种广告创收模式。

跨境电商 1.0 阶段的最典型代表是 1999 年创立的阿里巴巴。它是服务于中小企业的国内最大的外贸信息黄页平台之一，致力于推动中小外贸企业真正走出国门，帮助它们获得更广阔的海外市场。

1970 年成立于深圳的环球资源外贸网，也是亚洲较早涉足跨境电商信息服务的互联网平台。此外，这一时期还出现了中国制造网、韩国 EC21 网、Kelly search 等诸多跨境贸易信息服务的互联网平台。

（二）跨境电商 2.0 阶段（2000 ~ 2012 年）

以 2004 年敦煌网的上线为标志，国内跨境电商进入了新的发展阶段：各个跨境电商平台不再只是单纯提供信息展示、咨询服务，还逐步纳入了线下交易、支付、物流等环节，真正实现了跨境贸易的在线交易。

因此，与起步阶段相比，跨境电商 2.0 阶段才真正体现出电子商务模式的巨大优势：通过互联网平台，不仅实现了买卖双方的信息对接，还使信息、服务、资源等得到进一步的优化整合，有效打通了跨境贸易价值链的各个环节。

这一阶段跨境电商的主流形态是 B2B 平台模式，即通过互联网平台，将外贸活动的买卖双方（中小企业商户）进行直接对接，以减少中间环节、缩短产业链，使国内供应商拥有更强的议价能力，获得更大的效益。

同时，第三方平台也在这一阶段实现了创收渠道的多元化：一方面。将前一阶段的"会员收费"模式改为收取交易佣金的形式；另一方面，平台网站还会通过一些增值服务获取收益，如在平台上进行企业的品牌推广，为跨境交易提供第三方支付和物流服务等。

（三）跨境电商 3.0 阶段（2013 年 ~ 至今）

国内电子商务经过十几年的深耕培育，已经逐渐走向成熟。同样，跨境电商也随着互联网发展的深化，以及电子商务整体业态的成熟完善，自 2013 年开始不断转型，迈入 3.0 时代，2013 年之后，跨境电商逐渐呈现出以下几个方面的特征：

（1）随着电商模式的发展普及，跨境电商的主要用户群体，从势单力薄的草根创业者，逐渐转变为大型工厂、外贸公司等具有很强生产设计管理能力的群体，这使得平台产品由网商、二手货源向更具竞争力的一手优质产品转变。

（2）这一阶段，电商模式由 C2C、B2C 模式转向 B2B、M2B 模式，国际市场被进一步拓宽，B 类买家形成规模，推动了平台上中大额交易订单的快速增加。

（3）更多大型互联网服务商加入，使跨境电商 3.0 服务全面优化升级，平台有了更成熟的运作流程和更强大的承载能力，外贸活动产业链全面转至线上。

（4）移动端用户数量飙升，个性化、多元化、长尾化需求增多，生产模式更加柔性化、定制化，对代运营需求较高，线上线下的配套服务体验不断优化升级。

（四）推动跨境电商快速发展的主要因素

短短十几年的时间，我国跨境电商就从只有信息展示的 1.0 阶段。发展到如今全产业链服务在线化的3.0"大时代"。跨境电商的快速发展，既得益于政府的大力推动、扶持，也受益于电子商务整体业态的发展成熟。

（1）各级政府的高度重视和支持

对外贸易一直是我国经济增长的重要引擎。因此，中央和各级地方政府对于国内跨境电商行业的发展，一直抱有十分积极的支持态度，不断出台相关的政策法规。为跨境电商的发展提供有利的政策和制度环境。

例如，国家发改委连续两年发布了《关于进一步促进电子商务健康快速发展有关工作的通知》（发改办高技〔2012〕226号，发改办高技〔2013〕894号）；2014年，海关总署更是专门发布了《关于跨境贸易电子商务进出境货物、物品有关监管事宜的公告》。这些政策的出台，规范了国内的跨境电商市场秩序，为跨境电商的持续发展提供了制度和政策上的保障。

（2）B2B电子商务模式在全球贸易市场获得迅速发展

2013年，美国B2B在线交易规模达到5590亿美元，远远高于B2C市场交易规模。同时，高达59%的采购商主要通过线上渠道进行产品采购；27%的采购商在线月均采购额为0.5万美元；50%的供应商正努力推动买家转至线上交易，以减少流通环节，获得更多利润和议价能力。

在国际市场中，B2B模式正被越来越多的企业所认可和接受，这为我国跨境电商的发展创造了有利的市场氛围。

（3）移动电商的快速发展

智能手机和无线上网技术的发展成熟，推动了互联网从PC时代走向连接更为高效、方便、快捷的移动互联网时代。移动互联网培育了用户移动化、碎片化、场景化的消费习惯，优化了人们的线上购物体验，也推动了移动电商交易规模的爆炸式增长。移动电商的迅猛发展，对跨境电商3.0时代的快速到来形成了有力支持。

有关数据显示，2013年全球智能手机用户数量首次超过PC端，占总人口的22%；2013年圣诞节期间，亚马逊商城中有高达50%的用户使用移动端进行购物；2014年，美国比价网站Price Grabber调查了用户在感恩节购物季的消费行为，发现有50%的消费者在商场中做出购买决策前，会首先通过智能手机进行网上比价。

另外，"199IT互联网数据中心"的报告显示，移动互联网的创收规模在未来几年的增速将超过300%，预计2017年会达到7000亿美元：其中大部分收入都将来自移动电商市场，其规模预计为5160亿美元。

二、跨境电商宏观环境及发展

2014年跨境电商迎来发展的黄金时期，短短一年的时间里，国内的电商巨头、物流公司、初创企业，国外以亚马逊为代表的电商巨头纷纷开始加快了跨境电商的战略布局，未来跨境电商的发展前景可谓一片光明，下面将从多个角度为大家剖析跨境电商产业的发展方向。

（一）政策红利窗口期

2014 年以来，国家出台了多项政策来推动跨境贸易的进一步发展，2014 年 7 月份海关总署先后出台了第 56 号（关于跨境贸易电子商务进出境货物、物品有关监管事宜的公告）及第 57 号（关于增列海关监管方式代码的公告），不但给予了跨境电商产业充分的肯定，而且对跨境电商保税模式也表示支持，这两份文件的出台推动了跨境电商产业朝着健康持续的方向快速发展。

从 2013 年最初的 6 个跨境电商试点城市，到 2014 年增设了深圳，2015 年又增设了天津。跨境电商试点城市的推出为企业发展跨境电商提供了巨大的便利，在试点城市中跨境电商进口商品只需支付行邮税，以往的"关税、消费税、增值税"等被取消。

众多的优惠政策，会让跨境电商的发展迎来一个快速增长期，税收红利所带来的优势将推动那些有探索精神的创业者积极投身到跨境电商产业之中，从而形成多元化与差异化竞争。

（二）用户需求潜力巨大

（1）国内跨境电商产业增速明显，如今已经成为千亿级市场。PayPal 公布的数据显示：2013 年，海淘人数已经达到 1800 万人，成交规模为 2160 亿元，预计到 2018 年，海淘人数将会增长至 3600 万人，交易规模突破万亿元大关。

（2）消费需求以及消费行为发生变化，尤其是 4 亿多人口的 80 后、90 后这一群体的崛起使得跨境电商的需求日益增加，而且他们的消费需求更加趋向于个性化、定制化，安全健康、性价比高、小巧精致的产品尤其受到他们的青睐。

（3）海外商品的认可度增加，尤其是随着国内出国旅游人群、商务人群的增长，人们对于海外商品的认识已经越来越多，海外的一些电子产品、服装、化妆品等国际品牌在国内有着强大的需求。

（三）行业有待完善

（1）政策发展。税后红利随着跨境电商产业的不断发展后可能会消失，而且国家对于发展跨境电商产业也缺乏足够的经验，目前政府对跨境电商也正处于探索阶段，一些海外商品的检疫标准、保税尺度等都可能会有所变动。

（2）清关能力成为痛点。目前的报税清关流程还相对比较烦琐，尤其是一些商家报税清关时所采用的整进散出模式。让海关的清关效率受到严重限制，面对日益增长的报关需求，流程方面的优化十分必要，亟须开发先进的处理系统以改善当前的困境。

（3）售后体验较差。由于清关效率较低、物流时效性差，售后体验问题严重，尤其是当前的售后服务以及退换货在很多情况下都无法得到满足。但是国内的消费者目前对海淘中的这些问题还比较宽容。

（4）供应链存在问题。目前国内的消费者在海淘所选择的主要是一些爆品品牌，但是当前跨境电商对于这些爆品的供货渠道还不完善国外的品牌商由于担心影响自己的利益，国内跨境电商能直接签约合作从而获得垂直渠道的概率极低，只能被迫采用复合渠道供货。复合渠道的利润较低而且供货不稳定，尤其是国外的政策、文化等与国内相差较大，完成供货渠道的整合在现阶段来看十分困难。

（四）资本驱动，各路玩家既竞争又共生

随着以京东为代表的国内电商巨头开始将跨境电商布局提升至战略高度，国内发展较快的跨境电商企业，比如，洋码义、蜜芽等已经意识到了危机，完成新一轮融资后开始加快发展步伐；而国外的电商巨头亚马逊也看到了跨境电商这一巨大风口，借助上海自贸区开始进军国内跨境电商产业；而物流供应商则开始利用自己的优势，倾丰、"四通一达"等物流企业开始尝试整合物流资源……在多方的共同推动下，跨境电商将会迎来质的飞跃。

三、跨境电商的"玩家群像"

（一）海外品牌商：合作，探索，观望，平衡

海外的一线品牌商家为了维护自己的利益，往往不会选择和国内的跨境电商平台合作。这一方面是要保证自己在线下以及线上的销售体系稳定；另一方面是要防止自己的品牌形象受损。比如，花王为了维护自己的品牌形象就曾警告过国内的某个平台。但是，部分品牌商在中国这个庞大经济体开始崛起的形势下，也开始尝试与国内的跨境电商合作。

而对于海外的小品牌商家来说，他们会更倾向于选择和国内的跨境电商合作：目前国内的市场需求如此庞大，而且这些中小品牌在国内通常也没有线下店面，因此不用担心影响自己的销售体系，合作方式反而更加多元化。

（二）物流供应链服务商：趁"市"而上，服务前端

物流供应链服务商一般都有着跨境贸易、供应链服务、物流运作等方面的丰富经验，在跨境电商产业风口来临之际，以及在强烈的危机感与巨大的机遇双重作用下，它们开始借助自身的优势布局海外市场，比如，顺丰已经开始完善海外跨境电商物流体系。

（三）国内电商巨头：维系原有江湖地位，争取更大市场

国内的电商巨头在巩固本地市场份额之余也在积极探索海外市场，阿里巴巴、京东、唯品会、1号店、聚美优品、蘑菇街等纷纷开始利用自己的优势布局海外市场。

用户流量、资金、海外业务拓展、物流体系、供货稳定是跨境电商企业走向成功必须具备的基本要素。虽然这些电商巨头在国内能够呼风唤雨，但发展跨境电商还需要建立一个整体能力极强的跨境业务团队去开拓海外市场。在这一点上电商巨头未必比一个创业公司有优势。

供应链问题当属于国内跨境电商行业发展的一大痛点，解决这些问题只有资金支持是

不够的，还需要各大商家在商业模式上有所创新。国内的电商巨头发展跨境业务要维持其与原有业务之间的平衡问题，处理方式不当会损害企业员工之间的团结，引发各种矛盾冲突，不利于企业的发展。

跨境电商对复合型人才的需求尤为重要，但是人才的培养毕竟需要一定的周期，国内的跨境电商企业目前尚处于起步阶段，各大商家之间的人才差距还没有拉开，这也为国内的创业公司留下了足够的发展空间，毕竟对于一个几年后将是万亿级别的庞大市场来说，仅凭几个电商巨头还无法消化。

（四）创业公司：在混战中求生

国内的跨境电商自出现以来小规模价格战就一直存在，只不过在电商巨头加入后，价格战日趋白热化，使一些资金实力不足的创业公司面临巨大的生存危机。但是，这也推动了部分创业公司开始改变运营模式。从而与电商巨头之间发展多元化以及差异化竞争，对于整个跨境电商产业来说也是一件好事。

（五）传统零售商：转型已成必然

传统零售商在电商崛起后，销售业绩遭受了严重的打击。2014年中国的电商交易额超过13万亿元，同比增长30%以上，其中线上零售市场交易额达到2.8万亿元，同比增长将近50%。传统零售商销售额纷纷出现下滑，A股上市公布业绩的29家零售商中有16家营业额出现下跌。传统零售商在巨大的压力下，开始纷纷向O2O转型，一些商家借助自己运营多年的丰富经验也开始布局跨境电商，毕竟在风口之下，成功的概率可以得到大幅度提升。

（六）中小微商：盈利堪忧，纷纷入驻平台

这里的中小微商主要是指海外买手、朋友圈代购以及中小规模的商家。在电商巨头加入后，这些中小微商的盈利空间被严重压缩，面临严重的生存问题。生存压力之下，中小微商纷纷选择加入大型平台，依托平台资源来扩大产品销量。

（七）消费者：认知提升，带动市场壮大

艾瑞咨询发布的一项研究显示：2014年国内的网购用户中，进行过跨境网购的用户仅占15.3%，跨境电商还蕴藏着一个庞大的市场。从跨境网购用户的构成来看，以母婴产品为代表的80后、90后占据一部分，其余用户多为有过出国经历的商务、旅游、海归等群体，他们的跨境网购除了满足自身的需求外，还带动亲戚朋友消费海外产品。

目前，国内跨境电商企业还未形成被消费者所广泛认可的品牌，对于消费者来说他们需要的是优质低价、便捷高效、售后完善的商家，能满足消费者需求的企业将会在市场中形成良好的口碑效应，率先赢得消费者的认可。

国内的电商格局目前已经基本成型，其他商家想要再进入这一领域将会十分困难。而跨境电商的崛起，对于一些创业公司来说将是一次重大的机遇。跨境电商的风口之下电商

行业将会迎来一次洗牌，能够进行创新发展的中小商家面对电商巨头的价格战未必没有一战之力，鹿死谁手只有时间才能给出答案。

电商巨头、中小商家、创业公司等各路玩家的加入将会推动国内跨境电商产业的发展与完善，逐步完成国内的零售行业在移动互联网时代的产业结构调整，从而推动中国经济走向世界舞台中央。

四、国内主流跨境电商平台

目前，跨境电商领域还未出现被消费者广泛认可的平台，在跨境电商面前各路玩家都有机会，现阶段的发展可能比拼的是物流体系、产品的价格及品种丰富程度，随着时间发展，跨境电商之间的竞争最终还是要在品牌、服务体验、营销手段等方面中决出胜负。

从 B2C 模式目前的局势来看，跨境商家很难在这个被巨头们瓜分的红海有所发展，而其他模式，尤其是 C2C 模式对商家来说则存在着巨大的机遇。"玩家们"想要在跨境电商领域取得成功需要做好以下几个方面：①强大稳定的货源供给体系；②国内市场较高的用户流量获取能力以及产品销售转化能力，比如，解决物流时效性、产品质量、售后服务等，获得消费者的认可；③优秀的电商基因，能够掌控海外电商运营的相关事务；④良好的海外公关处理能力，打通海外地方政府；⑤清晰的盈利模式以及综合的战略布局；⑥强大的融资能力。

总而言之，谁能够打通供应链，引入复合型人才，在发展过程中不断结合外界环境的改变适当调整发展战略，谁就能在跨境电商领域获得巨大成功。

五、跨境电商运营平台支撑体系

2012 年，我国的贸易总额首次超过美国，居世界第一。其中，跨境电商贸易的增长更为迅速，成为驱动未来贸易发展的新动力。

《2014 年度中国电子商务市场数据监测报告》显示，2014 年我国跨境电商交易规模达 4.2 万亿元，同比增长 35.48%，出口占比达到 85.4%。进口占比达到 14.6%。我国拥有跨境电商平台企业 5000 多家，而开展跨境电子商务的企业有 20 多万家。

据商务部估算，到 2016 年，我国跨境电商的交易规模将增长到 6.5 万亿元，在整个外贸规模中的比例为 19%。平均增速近 30%。而据艾瑞网估算，到 2017 年。我国跨境电商的交易规模将达到 8 万亿元，平均增速为 26%。由此可见，我国跨境电商行业正处于高速发展时期。

尽管跨境电商在逐渐崛起，政府也出台了诸多鼓励扶植政策，但对于从事进出口业务的商家来说，要想真正运营好跨境电商，离不开以下 4 个平台支撑体系。

（一）电商平台

做好跨境贸易的电商平台是开展跨境电商的第一步。可以通过以下两种方法开网上商店：

（1）利用第三方平台

如天猫国际等。优点是知名度高、品类丰富、流量大；缺点是开店成本高。比如，主营生姜红茶的山本韩方海外旗舰店、主营唇妆的花娜小姐海外旗舰店。

（2）商家自建平台

优点是商家可以按照自身的情况，灵活自主的运营；缺点是在项目投入的初期，需要一定的投资以及较强的技术和物流能力，外部流量的引入也有很大难度。

无论使用以上哪种平台，所选平台都必须具备两点：一是要得到关检的认可或者实现与海关国检的系统对接；二是平台必须具有实现网购、接受订单和支付的功能，并可以与海关和物流平台实时对接，实现数据交流。

（二）物流平台

由海关"三单独立推送"的监管要求可知，要想实现跨境电商进口清关，电商平台必须与物流平台相结合。由此可见，物流平台在跨境电商中起着至关重要的作用。B2C（一种电子商务类型的网络购物模式）中间 B 的作用是代理业务和接受监督，而并非贸易的第二方或者国内承接人。

其实，B2C 中间的 B 是指物流平台。它具有三部分功能：一是接收来自电商平台的订单，二是产生运单，三是向关检推送。

既然是物流平台，那么它的经营主体就是符合关检要求资质的物流公司，还有暂存货物的保税仓，与关检系统实现对接的 B2C 报关系统以及其他相配套的部分。从狭义范围来讲，因为保税仓这个重要部分的存在，物流平台在这里相当于一个报关体系，因此该模式又被称为保税仓进口。其实，这个平台还没有形成一个完整的物流体系，向前还需与国际运输、海外转运仓相接，向后还需与国内快递相接。

例如，心怡科技物流（一家专业的第三方电商仓储物流企业）在物流配送上实行两步走战略：①商家在心怡科技物流签订协议之后，全权负责海外货源的组织、运输，直到进入心怡保税仓；②进入保税仓的货物完全由心怡科技物流管理，一旦接到订单，便按照订单要求从保税仓发货。

此外，心怡科技物流还提供给商家一系列服务：仓储、在线收付、在线推广、购物车建站、货源分销、全球物流和渠道管理软件。

（三）支付平台

跨境电商显然要比国内电商多了"出境"这一功能，而该功能的实现又必须借助互联网跨境支付牌照的支付机构。个人消费订单也必须经过电商平台的监督，验证其真实性后，才可以实现支付功能，在支付的过程中，支付平台会产生相应的支付信息，最后由支付平台将支付信息独立推送给海关。由此可见，支付平台是接收消费订单、产生支付信息、对接关检系统的重要板块。

支付平台作为电商平台实现支付功能的重要板块，对市场的开拓起着至关重要的作用。

支付平台必须满足以下两个条件：一是应符合广大消费者的支付习惯；二是应符合关检的监管要求。目前很多支付机构，比如支付宝、银联、财付通、通联、汇付、易宝支付等，都在获取资质后开通了跨境支付的功能，为广大消费者提供了更多的支付选择。

跨境电商在实现支付对接时，首先，选择合适、正规的支付机构与之签约；其次，安装支付平台（该支付平台模块已经与海关系统实现对接）；最后，通过支付平台实现处理订单、完成收款、向海关推送支付信息的功能。

此外，支付平台向海关独立推送的支付信息要经过海关设定的三单核对——订单、运单、支付信息，进行验证后才可通过清关。

（四）政务平台／服务平台

与传统外贸一样，跨境电商也必须有"关、检、税、汇"这四个部门的支持。

跨境电商政务平台就相当于一个为跨境电商政务服务的平台，理论上需要接入关、检、税、汇四个部门，并在系统运行中受到严格监督，而实际上，目前只有关、检两个部门在运行。

人们通常将跨境电商政务平台看作为外贸企业进出口通关提供便利服务的系统性平台，该平台由海关和国检两个部门接入和监管。在跨境电商通关服务平台上，采用"三单对比"的方式对货物通关进行监管，在确保"三单"的数据正确之后，才可以对货物放行。这里的"三单"具体是指：电商企业提供的报关单、支付企业提供的支付清单、物流企业提供的物流运单。

未来，跨境电商政务部门还将与政府部门的监管统计系统平台对接，一是为各地政府部门之间的信息搭建提供方便，二是为企业进行信息查询提供方便。服务流程包含一系列功能，比如检验检疫、支付结汇、纳税退税等。因此。跨境电商综合服务平台，其综合性体现在它集金融、物流、通关、外汇等服务于一体，为跨境商家提供一站式服务。

第二节　进口跨境电商：传统电商转型的"跨境之战"

一、进口跨境：进口跨境电商现状

电商行业进入各大领域之后，各个行业几乎都在抽出精力向电商靠拢，电商业务几乎被瓜分殆尽。在这种情况下，进口类跨境电商业务成为最后一块还未被开垦的土地。

这个领域蕴含着巨大的发展潜力的同时，也存在着许多未知的风险。因为鲜有人涉足，所以地势如何未能可知，前景发展的茫然让很多人不知所措。那么，进口跨境电商未来的发展究竟如何呢？行业内有几种发展模式？行业发展会面临什么风险？针对这些问题，下面我们就对进口零售电商进行一个基本的了解。

（一）市场尚在酝酿之中，未来可出现高速增长状态

中国进口跨境电商在 2013 年，市场规模仅有 744 亿元而彼时中国电子商务的整体规模已经达到 9.4 万亿元，中国跨境电商的规模也达到了 3.1 万亿元，相比较来看，中国进口跨境电商的发展还相当不成熟。

这一状况的出现与整个市场的渗透率低是有密切关系的。但是，抛却基数数字而看增长速度，中国进口跨境电商在 2009 ~ 2013 年间以 98.7% 的年复合增长率远远超出了跨境电商以及整个电子商务的增长速率。

这一事实充分说明，随着人们对于跨境网购的理解进一步加深，接受度逐渐提高。市场渗透率也会随之上升，未来，中国进口零售电商的市场将会进一步扩大，并很可能出现高速增长的状态。

（二）"海淘"高性价比吸引年轻消费群体

通过对海淘消费需求的调查来看，人们选择海外跨境购物的动机和目的十分明确。通过数据整理可知，动机中最重要的因素莫过于国内网站的便捷渠道、海外商品的质量保证以及高性价比，这体现出了消费者在进行跨境购物时最为关注的部分。

除此之外，消费者选择海外购物所选购的商品也呈现出集中化的特点。经比较发现，最受海淘消费者喜爱的商品类型有：护肤美妆类产品、婴儿食品、服装类、保健品和电子产品五类。

网购的消费者群体中，年轻人占了很大的比例，而海淘的群体年龄层中，年轻化结构更加明显。调查显示，80% 以上的消费者年龄在 35 岁以下，而 25 ~ 30 岁的消费者占比超过 40%。后者往往尚未工作或者刚刚参加工作，随着时间的推移，其消费能力增加，而海外跨境的消费市场则会进一步扩大。

（三）跨境供应链管理问题阻滞行业发展

目前来看，跨境供应链管理尚未形成一套完整的体系，这就使得消费者的利益很难得到有效保障。因此，跨境供应链管理成为制约行业市场扩大的关键因素。

跨境供应链管理中问题最为突出的两个环节是供应商管理和跨境物流执行，而招商问题则是牵制前者的关键所在。

由于海外部分品牌自身的产能不足以供应过大的市场，因此中国市场并不在他们的考虑之列。而部分国际性品牌在开拓中国市场时还要考虑是否与其国际代理、渠道等发生冲突。这样一来就很容易造成高品质品牌的缺失，进口电商平台无法握牢海外货源。由此带来的负面效应就是假货、仿货层出不穷，为整个进口电商平台造成负面影响。

而就跨境物流来看，货物流转速度和平台对于关税的控制及清关时效是影响消费者体验效果的重中之重。其中，货物流转若依靠第三方公司则容易出现"断层"的现象，从而流转速度就会大打折扣。

（四）监管政策尚未形成完整的系统

跨境进口电商涉及对外的问题，因此政策的导向很重要。自 2013 年起，海关总署陆续批准了上海、广州、重庆、郑州、杭州、宁波、深圳七个城市作为跨境进口电商试点。

2015 年 3 月，海关总署对"保税进口"做出明确的说明和规定。这一模式下商家可以提前将成批的商品运送到"保税进口"的仓库，待消费者下单后再由仓库在报关报检后发出。

这一规定减少了消费者的等待时间，使其体验更接近于国内消费。近来，海关总署又发布了"56 号"和"57 号"公告来对跨境进口电商的细节规定做进一步说明。但是，现在不同的试点区域对于政策的执行还存在不一致的情况，监管政策尚未形成完整的系统。

二、进口跨境电商的五大经营模式

近两年，跨境电商快速发展，正引起越来越多的关注和参与。一方面，从 2013 年到 2015 年 5 月，政府相继出台了十几项鼓励跨境电商发展的政策；另一方面，根据相关的研究预测，到 2017 年，我国跨境电商的规模将达到 8 万亿元人民币，复合增速也将高达 26%。政策的支持以及良好的市场预期，极大地推动了我国跨境电商的发展。

跨境电商包括进口电商和出口电商两大类。前者是将国外的商品运送到国内市场交易；后者是将国内的商品运送到国外市场交易。就当前来看，我国的跨境电商业务以出口为主。2014 年，出口电商贸易占到了跨境电商交易总额的 86.7%。这与国家推动企业"走出去"的发展战略不可分，也有利于在国际贸易中获得顺差。

不过，随着国内市场需求多元化、个性化的转向，以及对海外产品高速增长的需求，进口跨境电商必然会呈现出强劲的发展势头。根据研究预测，2017 年进口电商贸易将占到跨境电商交易的 16.2%。

有数据指出，当前我国已有超过 20 万家企业涉足了跨境电商业务，相关的跨境电商平台也已经超过 5000 家。对于进口电商而言，在当前的 600 多家进口电商平台中，主要有 B2C、C2C、M2C、特卖会和社交导购转电商 5 种运营模式。5 种模式虽各具特色，却也都有着无法避免的缺陷。

（一）B2C 模式

B2C 模式以京东的全球购、顺丰的全球顺以及传统企业的跨境电商转型为主要代表。显然，B2C 模式需要电商平台拥有自己的资金、团队、货源和物流渠道，因此 B2C 模式是 5 种进口跨境电商模式中最"重"的。

这种"大而全"的重模式，增强了电商平台的流程控制力和流量吸引力。一方面，这种模式的采购成本低，能够满足消费者对进口商品"物美价廉"的要求；另一方面，平台上商品的质量、物流的时效性以及资金的周转都比较有保证。

不过，这种运营模式也有明显的不足：首先是准入门槛很高，只有那些比较成熟的电商平台，以及实力雄厚的传统企业，才有能力采用这种模式。而对于大量的新创或小微企业，显然就不太适用。另一方面，这种模式的前期投入很大（物流网络、平台系统的建设等），但收益却相对微薄，因此在市场开拓阶段需要大量的资金支持。这种"超重"的运营模式，对多数电商平台和企业来说显然不合适，也容易被市场淘汰。

因此，真正适于 B2C 进口电商模式的，其实是那些传统的专业进口品牌商和贸易商。一方面，这些专业进口商能够根据已有的经验，对人员、资金、货源、海关、物流等，进行最优化的安排；另一方面，他们可以通过合作的方式，将电商运营的部分转交给第三方电商服务商，并以此省去自建运营团队的高昂成本。

比如，针对这些传统进口商，第三方电商服务平台千米网，推出了一套进口电商的解决方案：直接与海关系统对接，以提高商品的物流效率；借助日益火爆的微商模式，构建 PC 商城及分销代理体系，从而实现"直营 + 代理"的多元化促销方式。

（二）M2C 模式

M2C 模式是指借助线上线下的渠道整合，减少商品流通环节，实现交易双方的共赢。在进口跨境电商方面，以天猫国际和洋码头为典型代表。它们都是为商家提供交易支付和信息沟通平台，商家与消费者直接进行沟通交易。

显然，M2C 的运营模式只专注于平台的构建和服务，而无须关注货源、物流等其他环节，因此有效降低了投入成本。同时，跨界业务的运转周期相对较长，也有利于平台获取大量的资金。

不过，也正是由于 M2C 运营模式不关注商品质量、售后服务等其他环节，造成了这种模式的很多缺陷。例如，无盈利点、无法保障商品质量。特别是假货问题，对 M2C 运营模式将会是致命的影响。因为在电商领域，平台的信誉度具有很高的权重，甚至决定着消费者的去留。大量的低劣商品必然会极大地降低用户的购物体验，导致平台流量丧失，走向衰亡。

（三）C2C 模式

进口跨境电商运营的 C2C 模式，简单来讲就是平台在海外招募买手，由这些买手根据市场的需求变化选择适宜的商品，然后放到平台上展示给国内的消费者，并进行交易。因此，C2C 也被称为"买手模式"。比较典型的有全球购、街蜜、洋码头的扫货 APP 等平台。

这种平台的最大优势就是买手的数量庞大，可以有效解决商品的 SKU 问题。同时也可以借助买手将客户引入平台的契机，实现平台自身的推广营销，并将买手客户转化为平台自身的粉丝。

这种模式的缺陷也很明显：买手数量庞大且流动性强，平台的管理成本很高；买手直接对接客户，缺乏有效的监督机制，商品质量、售后服务以及物流效率等无法得到有效保障；作为个体的买手容易跟风，同质化竞争严重，缺乏特色，因而很难有效吸引到消费者的注意力。这几点很可能会成为制约 C2C 运营模式发展的关键问题。

（四）特卖会模式

特卖会是指网络垂直电商在一个特定的时间内，专门卖某一类或某一种产品。进口跨境电商的特卖会模式，以唯品会和考拉海淘两大平台为代表。前者属于供应商压货，后者则是自营。由于货源采购并不确定，因此针对某一类商品的特卖会模式，一般卖完就会结束。

特卖会的优点在于：折扣很低，容易吸引和黏住用户，保证平台流量。用户容易产生二次购买行为，即当平台推出新的特卖商品时，用户很可能会再次购买。另外，特卖会的核心价值之一是，极大地缩减了资金的流转周期（预付款模式），提高了资金的利用效率。

不过，特卖会模式的准入标准很低，大量商家的涌入必然会造成激烈的竞争。因此，这种模式比较适于拥有雄厚实力背景或稳定货源渠道的商家。而那些大量参与进来的小商家，很容易在激烈的市场竞争中遭到淘汰。

（五）社交导购转电商模式

社交导购转电商模式即社交化电商，是指将社交中的关注、分享、沟通、互动等元素，用于电商的运作交易过程。小红书、小桃酱、什么值得买等社交电商导购平台，是这种模式的典型代表。

这种运营模式的团队较小，只需很少的投入，且商品供应链等全部外包，运作灵活。同时，这种模式的运营平台，如小红书等，有着很强的品牌效应，容易与用户建立起强关系，也善于打造短期内的爆款商品。

不过，也正是由于社交电商导购平台模式太轻，商品和供应链过于依赖外部，导致其对整个流程的控制力很低。特别是如果没有一个稳定的外部供应链合作伙伴，这种运营模式很难长久发展下去。而且，过于依赖外部供应商，也使平台很容易受制于人，在商业合作中丧失话语权，导致平台发展受限。

三、进口电商运营关键：信息流 + 物流

中国跨境电商起步于 2012 年，于当年 5 月份正式成立试点。同年 12 月 19 日，中国海关总署在郑州召开会议，着手部署跨境电商服务试点，确定首批试点城市为郑州、上海、重庆、杭州和宁波。

自此，我国跨境电商在政策的支持下蓬勃发展。2014 年 5 月 10 日，习近平总书记对郑州的跨境电商试点"e 贸易"进行视察，提出了"买全球、卖全球"的口号。此后，海关总署连续发布 56 号、57 号文件，对跨境电商的合法地位进一步确定。文件颁布之后，跨境电商的贸易额快速增长，到 2014 年年底达到了 30.5 亿元人民币，其中跨境进口电商业务占据了近三分之一。

政策的支持为跨境电商的发展提供了肥沃的生长土壤，可预测的美好前景吸引了众多创业者的加盟，其中也包括不少快速成长的平台，并且催生了几种备受投资者偏爱的跨境

电商项目以及主要的电商模式。

对于跨境电商来说,无论是个人还是平台,当下在移动互联网大环境的影响下,最应当关注并解决的是物流+信息流的问题。

国际物流的进行需要解决很多问题,信息流就是其中一个,这也是很多跨境电商的着手点。就解决这个问题的途径来说,海淘模式 C2C 是最容易实行的,也就是利用导购网站汇集信息,引导消费。但是这一模式系统性不强,专业化程度不够,很容易被复制,因此其大多只适用于跨境电商发展的接入期。但是,随着移动互联网发展得如火如荼,海淘C2C 的流量优势依然存在,很多项目得以继续存在和发展。不少项目都兼备电商 B2C 平台模式和海淘 C2C 移动模式两种,比如洋码头。

此外,不少巨头还利用 B2C 的平台模式来获得信息流方面的优势,通过自营平台来聚集信息,吸引境外商家的加入,从价格和流量上着手,逐步形成自己的影响力。目前,天猫国际、京东海外购等都是走这样的路子。

同时,不少企业也愿意采用 B2C 的自营模式来打造自己的品牌影响力,如亚马逊海外购、唯品会、蜜淘等。

物流向来是很多跨境电商平台不愿意去直接经营却又避免不了的一个环节,因为物流涉及的问题太多,比如仓储、清关、转运等,实在太过麻烦,而且各个环节一旦出现问题都会带来不小的损失。但是,恰恰还有一些公司愿意去啃这块"硬骨头"。洋码头就是一个典型的例子。

作为进口电商的先驱,经过数年的发展,洋码头建立了一支属于自己的海外物流队伍。这支队伍不但为洋码头自身奠定了绝对的物流优势,同时也为其他的跨境电商提供了服务。

四、进口跨境电商必须要解决的三大痛点

自跨境电商在中国的大环境下站稳了脚跟,电商巨头们纷纷不甘人后,陆续推出了自己的跨境业务。2014 年 2 月天猫国际诞生,同期京东推出了京东海外购。此后,亚马逊海外购、聚美海外购以及唯品会"全球特卖"相继推出,此外还有爱美购、极客海淘、海淘网等新的电商公司不断成立,一时间进口跨境电商市场呈现出"百花争艳"的景象。

但是,如此热闹的场景却掩饰不了存在的问题,其中最重要的莫过于退换货问题、物流问题以及假货问题。

(一)退换货问题

退换货一直是存在于电商平台的一个痛点,而对于跨境电商来说这个痛点带来的麻烦更大。试想,商品漂洋过海来到中国再送到消费者手中,如果消费者不满意要进行退换货,电商必然会产生大量的物流和时间等成本。因此,为了控制成本,很多跨境电商都明确标明:产品经客户签收后,若非质量问题不允许退换货。

这样一来,消费者的海淘风险就大大增加了。海淘的商品大多有着不菲的价格,如果

无论是否中意，一旦到手就不能退换，无疑会给消费者增加消费顾虑，会在一定程度上削弱消费者的购买积极性。不过，现在这一问题已经普遍引起了各大电商的关注，他们也在寻找各种解决问题的办法，相信未来这一痛点应该能得到解决。

（二）物流问题

由于距离的原因，物流对跨境电商的影响比国内电商更甚。目前很多跨境电商所采用的都是第三方物流，不确定因素太多，出现问题电商不能直接与消费者沟通。虽然选择海淘的消费者已经做好了等待的准备，但是物流战线拉得太长会使消费者面对突来的需求时，往往会选择能够最快到达的商品。

（三）假货问题

自电商发展以来，假货问题一直是个困扰，中国消费者始终对电商平台存在一定疑虑。而2014年，跨境电商的几起假货事件不仅大大降低了几家被曝光企业的信誉，同时又对消费者的心理产生了冲击。

跨境电商无法保证正品率的100%，这是一个不争的事实。那么，如何能尽可能地降低假货出现的概率呢？洋码头曾碧波提出了两个方法。

首先，从源头上进行控制。由于国外普遍对造假的处罚相当严重，因此就提升了造假成本，造假公司很少。在进行海外购时让货源公司提供相应的资质认证和信息，造假公司就会不战而退。其次，物流也是假货出现的一个重要环节。由于第三方物流公司的介入，加上跨境物流时间的拉长，一些不良物流公司会在途中用假货替换掉真品，给跨境电商带来损失。因此，选择信誉可靠的物流公司或者是自己组建物流队伍，也是降低假货出现概率的重要环节。

五、从9个试点城市看我国跨境电商的发展

近年来，我国传统外贸行业的发展速度逐渐放缓，而跨境电子商务却呈现了良好的发展态势。我国在交易平台服务、电子支付及物流配送等方面的发展已经初具规模，再加上国家各种利好政策的出台，为跨境电商的发展创造了有利的客观条件。

2015年6月，国务院出台了《关于促进跨境电商健康快速发展的指导意见》，要求加快建设能够符合跨境电商发展特点的政策体系和监督体系，为对外贸易的发展提供更多的便利。

下面笔者将从九大跨境电商进口试点城市出发，分析解读我国当前跨境电子商务的发展情况，从而让更多跃跃欲试的企业更清晰地把握跨境电商的形势。

（一）上海"跨境通"

上海跨境电商贸易试点运营的模式包括网上直购进口模式、网购保税进口模式以及一般出口模式。2013年12月28日，上海"跨境通"正式上线，并推动三大跨境电商模式

逐渐走向了成熟，目前在跨境通上已经形成了直邮中国和自贸专区模式。

跨境通上的产品类目主要包括保健食品、服装服饰、化妆品、母婴、箱包五大类。产品主要是属于快消品，与实体店相比，跨境通上的价格便宜 30% 左右。

截至 2014 年 12 月，上海海关直购进口模式的成交量已经达到了 2.4 万单，网购保税进口模式成交量为 3.2 万单，货物的价值超过 1 701 万元。同时，上海海关已经为 55 家电商企业、12 家物流仓储企业做好了跨境电商的备案工作，其业务已经覆盖到美国、新西兰、澳大利亚等跨境网购热点国家。

（二）重庆"e 点即成"

重庆的跨境电商试点是全国唯一个拥有跨境电商模式的全业务试点城市，即有一般进口、一般出口、保税进口和保税出口。

重庆两永综合保税区重庆跨境贸易电子商务公共服务平台于 2014 年 6 月正式上线。据统计。平台在半年的时间里就已经累计了 15.8 万个验放清单，成交额达到 4456.62 万元，并且平台上已经有 36 家企业完成了备案。跨境电商平台上采购数量最多的产品主要是日用消费品。

（三）杭州"跨境一步达"

杭州跨境电商产业园综合了保税进口和直购进口两种模式，是浙江省目前唯一一个集合了这两种模式的全业务跨境贸易电子商务产业园，同时园中还设有跨境电商服务试点一站式平台——跨境一步达，面向国内的跨境电商企业、物流企业、消费者等提供第三方多元化信息服务。截至 2014 年 1 月，产业园中已经有 124 家商家入驻。

杭州经济技术开发区保税进口业务到目前累计的订单量已经达到 76 万单，2015 年 3 月，杭州申报的网上自由贸易试验区已经获得批准。

（四）宁波"跨境购"

宁波保税区是我国开放程度最高、政策最优惠的经济区域之一，专注于跨境进口电商贸易，保税区内实行"免证、免税、保税"政策，同时保税区内运营"保税备货模式"。

截至 2014 年 11 月，保税区内已经有 230 家电商企业，其中有 117 家成为跨境进口电商试点企业，71 家企业上线，商品备案 7238 条，物流企业包括顺丰、中通、中国邮政和 EMS。仓储企业包括富立和中海贸。

2014 年 12 月底，保税区内已经有 69 家电商企业申请了能力认定审核，其中有 21 家通过高风险能力认定，有 45 家达成基本能力认定，有一家未通过能力认定。有两家企业需要重新进行审批和整改。

此外，宁波的"跨境购"平台正式上线，跨境购是一个综合性的网络平台，精选全球优质商品，包括进口奶粉、进口食品、进口纸尿裤、进口零售、进口化妆品等。

（五）郑州"E 贸易"

郑州是国内唯一一个利用综合保税监管场所进行跨境电商试点的城市，也是国内第一批电子商务示范城市和跨境贸易商务服务试点城市。

2014 年，郑州"E 贸易"试点平台上线，采用了跨境 B2C 的营销模式，平台上的商品直接由海外生产厂商提供，无须经过任何代购、代销商，消费者在平台上下单后，商品可以直接从生产厂商运送至消费者手中，不仅保障了进口商品的质量，同时也因为省去了中间环节而使消费者可以享受到更加优惠的价格。

2014 年年底，郑州跨境贸易电子商务试点进出口商品总值突破万亿大关，取得了 10718.03 万元的好成绩，征收的税款累计达 931.36 万元。主要从美国、日本、韩国等国家进口母婴用品、化妆品以及保健食品等商品；将国内生产的手机壳、网络摄像机以及固态硬盘等出口到美国、法国和英国等国家。进出口业务总量为 44.3 万单。郑州跨境贸易电子商务试点在交易额和业务量上都实现了迅猛增长，在今后的几年时间里还将保持 30% 以上的增速。

（六）广州"状元谷"

2013 年 9 月，广州获批成为跨境电商进口服务试点城市，广东作为全国第一外贸大省，其跨境电子商务交易额占到了全国总交易额的 70%，其试行的业务模式主要包括一般出口、B2C 保税出口和 B2B 一般出口：

2014 年前三季度，广州跨境电子商务进出口商品额达到了 7845 万美元，其中第三季度的进出口商品数量呈现了爆发式增长，进出口量相当于前两个季度的 20 倍。

2014 年 11 月，广州正式上线跨境电商平台——21 世纪海上丝绸之路，同时与中国东盟商务理事会签署了产业合作行动计划书，为广州跨境电商的发展提供了重要的支持。

（七）深圳前海

2013 年深圳在进出口方面位列全国大中城市的榜首，2014 年 7 月，为了促进进出口贸易的稳定增长，国家审批通过深圳成为跨境电商进口试点。深圳拥有得天独厚的地理优势，紧挨香港、比邻珠江口，是华南地区的经济枢纽，拥有完善的沿海口岸基础设施，交通便利，有市场分析表明，深圳跨境电商业务能够占到全国跨境电商业务的一半以上。

2014 年 9 月，深圳市跨境贸易电子商务进口试点正式启动运行，在出口试点早已开放启动的基础上，深圳率先建立起了囊括进出口跨境贸易电子商务的新型海关监管模式。

（八）福建福州

2015 年，福建福州通过国务院审批成为跨境电商试点城市，同时，11 月，福州的跨境电商网上交易系统也正式开通运行。

为了便于跨境电商的发展，福州正在加快建设跨境电商进出口商品检验检疫监管规范，探索建设一次申报、分批核销、集中口岸验放、电商企业的诚信管理和差别化监管等政策和举措。

福州海关同时也在加快推进跨境电商集中监管场所和相关设施的建设。在线通关、结汇、退税申报等应用系统也在紧锣密鼓的建设当中。

为了积极推动跨境电商的发展，福州正在加快建设跨境电商服务平台，为跨境电商的发展打造更加完整的产业链和生态链。同时积极鼓励福州企业在海外建立跨境电商仓储中心和配送服务网络，为产品的出口贸易提供更多的便利。

此外，福州还在经济技术开发区等区域成立跨境电商展示中心，推进O2O模式的发展，创造了一种消费者线下体验、线上下单的跨境电商模式。利用两岸电子商务试验区试点的机会，加快推进跨境电商的产业合作，推动两地跨境电商仓储中心或专业配送中心的建设。

（九）福建平潭

平潭与福州是同时期获批的跨境电商试点城市，2015年7月底，平潭跨境电子商务直购进口试点模式正式启动，这也是内地和台湾首次联手打造的第一个跨境电子商务平台，在两岸双方的共同支持下，平潭自贸区跨境电子商务实现了快速增长。到目前为止，平潭跨境电子商务平台入驻的企业已经有22家，备案的商品品项有80个，跨境电商进出口业务已经有700单，销售的产品种类包括休闲食品、服装及奶粉等。

从以上九大跨境电商试点城市来看，各个试点城市都已经形成了符合自身特色的跨境电商业务模式，我国跨境电商的发展开始进入一个稳步增长的阶段。同时，跨境电商的异军突起也为传统外贸企业以及电商企业的发展转型提供了一个良好的契机。

第三节 出口跨境电商：经济全球化时代，掘金外贸新蓝海

一、出口跨境："互联网＋外贸"时代的经济增长点

在移动互联网的大数据时代下，电子商务正以其猛烈的发展给传统的商业模式带来了巨大的冲击，在这个时代也衍生了一批跨境电商，搭乘这股商业模式的变革之风，国内的跨境电商近年来迎来了高速发展期，其市场规模与产业链都获得稳步增长，形成了营销、支付、物流、金融服务等多方位一体的产业链条。

艾瑞咨询发布的数据显示，仅在2013年国内的跨境电商交易总规模就达到了3.1万亿元，2008～2013年的年均复合增长率高达31.1%，在进出口贸易总额中的比例提升至9.6%。预计到2016年，国内跨境电商贸易有望达到6.5万亿元，占进出口贸易总额将提升至19.0%，而2014～2016年的贸易总额复合增长率会提升至28.0%。

跨境电商在结构上主要有两个层面，其一是进口电商，其二则是出口电商。其中，进口电商的规模所占比例相对较小。但从另一个层面上来讲，随着移动互联网时代的到来，消费者的购买行为与购买需求正在发生着前所未有的转变，消费者的网购潮流早已经掀起，

未来进口电商的发展也必将会有所突破。比如，在这些进口电商的企业中，海淘在国内消费者的市场份额中走在了前列。

海淘的运营方式为消费者通过互联网对所需要的海外商品进行搜索并进一步下单，再由海外购物网站经由国际快递或者转运公司邮回国内。由于目前母婴产品、高档奢侈品等产品在质量及价格方面通过海外渠道购买更加占有优势，所以海淘的用户数还在迅速增加。本节主要探讨一下出口跨境电商。目前，出口跨境电商主要衍生出以下两个分支：

（1）跨境B2B的商品批发

比如，阿里巴巴与环球资源，它们的盈利方式主要是通过发布信息与宣传广告，依靠商家们的会员费用与广告宣传费用盈利，但近年来跨境B2B增长已经逐渐放缓。

（2）第三方跨境平台与独立的B2C跨境网站采用的零售模式

最近几年出口电商零售增速十分明显，2013年出口电商零售交易额同比增长60%，销售总额达到240亿美元。比如，阿里速卖通、eBay、Amazon等为代表的低门槛、领域广、发展迅猛的第三方跨境平台。以阿里速卖通为例：仅2013年通过支付宝交易的总额就有20亿美元，阿里速卖通已经成为名副其实的全球最大跨境交易平台。另外，还有以环球易购、兰亭集势、Deal extreme为代表的独立B2C跨境网站，它们依靠自身充足的资金与技术的支持整合上下游供应链，实现了自建商城的独立B2C跨境电商模式。

国内目前在跨境电商领域摸爬滚打的企业就超过20万家，它们大部分是借助阿里、环球资源为代表的跨境B2B平台，与海外客户进行交易，这种方式区别于传统的外贸模式，更能提高效率并实现资源的有利配置，因此在一段时间内获得了快速发展。

而最近几年开始兴起的跨境B2C模式及这些第三方平台的出现，既缩短了外贸供应链条，又进一步提升了效率，使得出口跨境商可以通过互联网平台进行下单、支付、物流和售后操作，直接与国外消费者对话，使中间环节大为减少。而且由于商品出口上存在着更大的利润空间，因此获得了迅猛的发展。

二、品类战略：日益丰富化，拓展全球新兴市场

当下，国内跨境出口零售商的业务已经遍及全球大部分国家和地区，不仅在欧美战场上取得骄人成绩，在巴西、俄罗斯等新兴市场的成交量也非常可观。根据PayPal发布的数据显示：2013年，美国、英国、德国、澳大利亚、巴西这几个国家是世界排名前五的跨境电商市场，而其对中国商品的网购需求总额达到了惊人的679亿元，为五大市场整体跨境网购交易额的16%，而这一数字到2018年将会达到1440亿元，平均年复合增长率预计可达16%。

不难发现，在电商快速发展的驱动下，新兴市场的网购群体增速迅猛，这就减少了中间流通环节所带来的价格优势，更是吸引着新兴市场对中国商品的兴趣，以俄罗斯、巴西为代表的新兴市场已经发展成为中国跨境电商重要的出口国，这给国内的跨境电商带来了

新的发展机遇并为其海外市场拓展计划指明了方向。

国内跨境电商在欧美市场已经逐渐饱和，这些新兴市场则有着更多的利润空间可以发掘，而且这种新兴市场的消费者通常把价格排在首位，没有欧美市场对服务和质量方面的严格要求，这就给一些资金不够充足的入门商家提供了生存环境。

但是，新兴市场虽然发展迅猛，但由于刚刚起步其基础设施还不够完善，这就给一些出口跨境商带来了困扰，而语言、法律、物流等方面的问题又进一步增加了出口跨境电商的难度。不仅有些市场目前无法建立海外仓，而且在物流配送成本与配送时间上也存在较大的改善空间。

随着新兴市场消费者对中国商品需求的进一步增加，这些问题会得到有效解决，也必将会推动国内跨境电商企业的进一步发展。2013 年，国内跨境电商零售出口不仅在电子、服装等领域获得巨大成功，甚至在家居园艺、汽车配件等领域销售量也同样惊人。我们有理由相信，在移动互联网时代的推动及市场基础设施的逐步完善之下，电子商务在跨境电商领域将会进一步扩展，最终逐渐发展成熟。

eBay 的调查显示：有 64% 的卖家对开展新的商品种类业务有较高的期望，他们中想要把新的业务拓展到家具园艺类的占 40%，体育休闲类的占 32%，汽车配件类的占 22%。

三、物流建设：配套体系升级，加快布局海外仓储

相比于 B2B 平台模式的发展更加趋向于成熟，B2C 跨境电商毕竟起步时间较晚，在整个出口电商中所占比例较低，现如今其发展的主要障碍在于物流配套不够成熟，很多利润就在眼前向商家却无法得到。

目前，国内的仓储配套体系已经发展得比较完善。足以支撑起国内电商的发展速度及规模。但是，跨境电商的物流除了要受到相关国家的政策影响外，还要考虑如何在这些地理条件、语言文化、经济文化发展水平等差异化严重的国家与地区建立一套完善统一的物流体系，这些问题的解决都需要跨境电商从业者们去主动思考。

物流一向是电商产业链条的关键环节，在跨境电商中当然也不可能例外，国内的物流企业大部分是于 2006 年开始涉足跨境物流领域，直到 2012 年才真正有所斩获。如今，以顺丰、圆通、申通为代表的国内物流企业巨头在海外市场的业务已经初具规模，并且在加紧投资步伐，其产业已经开始拓展到了拉美、俄罗斯等新兴市场。

另外，一些跨境电商企业与物流公司也不甘落后，它们开始在海外建立仓储设施，提供仓储、分拣、包装及配送为一体的一站式服务，这使得商品在当地的配送时间大幅度减少，还可以为用户提供退换货服务，为消费者带来更好的体验。海外建立仓储设施还能直接以大宗货物运输取代分散的小规模运输，节约了运输成本，而这将会成为突破跨境物流瓶颈的关键所在，同时也是国内的跨境电商企业能够在海外市场立足的一大发展方向。

海外建仓已经成为跨境电商发展的一大潮流，许多企业都在加紧投资推进海外建仓的

规模化发展，同时物流体系的逐渐完善也使得出口电商的产品朝着更加多元化与多样化发展，一些更大尺寸的产品也开始逐渐走入跨境电商的经营范围。

四、支付体系：跨境支付崛起，突破跨境电商痛点

由于跨境电商涉及全球的国家与地区达到 200 多个，这些国家与地区的法律法规、文化、经济等存在差异，因此会导致这些国家与地区的消费者在首选支付方式上存在很大的不同。到底如何为国外消费者提供更加便捷有效的支付方式，成为跨境电商行业发展的一大难题。国内跨境电商企业要考虑跨境资金的安全问题，还要照顾到跨境用户的网购体验，这一系列的问题都给跨境支付体系带来了巨大的考验。

当下全球流通范围最为广泛的在线支付工具是 PayPal，它在 190 多个国家内流通，在跨境网购领域拥有 90% 以上的买家与 85% 以上的卖家用户群，国内的跨境电商企业可以以 PayPal 作为支付平台，大力开展全球跨境电商业务。但是，由于 PayPal 存在提现周期时间比较长、手续费用比较昂贵等弊端，用户还要承受汇率波动可能带来的损失。

因此跨境电商企业有必要为消费者提供除了 PayPal 以外得更为多样化的支付工具，这不但能够提升消费者的购买体验，还能够降低跨境电商潜在的收款风险。

跨境电商虽然发展迅猛，但与之配套的跨境支付市场还显得一片萧条，由于其中存在巨额利润，所以许多第三方支付机构开始向跨境电商平台提供收款服务。比如，提出国际收汇解决方案的快钱支付能支持 VISA、American Express、JCB 等国际卡支付，贝付支付"易八通"有"跨境信用卡支付""跨境银行卡支付"两项服务可使用人民币进行结算，从而降低汇率风险。

2013 年 5 月，义乌宣布开始推出个人跨境贸易人民币结算试点，其重要意义在于跨境电商企业可以无额度限制地使用人民币结算。这一举措将会给跨境支付环节带来巨大的变革，引导着跨境支付业务走向成熟，极大地为跨境电商的发展扫清了障碍。

五、顶层设计：释放政策红利，扶持跨境电商发展

跨境电商要想发展得又快又好需要依靠国家的政策支持，近几年中国家不断推出利于跨境电商发展的新政策，为跨境电商企业的发展保驾护航，使跨境电商的发展迈上一个又一个新台阶。最为标志性的是《关于实施支持跨境电子商务零售出口有关政策的意见》，它使得跨境电商的发展上升到国家战略层面，其中的 6 项举措对跨境电商的商品海关、检验、税务、汇率方面提出了具体的解决办法，重点在于推进 B2C 跨境模式的发展，为 B2C 跨境电商企业提供政策支持。

跨境电商试点城市也在逐渐壮大，国家先是于 2012 年批准重庆、宁波、杭州、郑州、上海 5 个城市，后来又加入了深圳、青岛、长沙、苏州、银川、牡丹江等城市，试点范围越来越广，相信不久后这些试点将会带动跨境电商飞跃式发展。

（一）56 号文件正式落地，行业合法地位进一步确认

2014 年 7 月，海关总署发布"56 号文"——《关于跨境贸易电子商务进出境货物、物品有关监管事宜的公告》，对电子商务个人以及企业经海关许可且与海关进行联网的电子商务交易平台实现跨境交易进出境货物、物品的，按照本节件要接受海关监管。无论是企业、组织还是个人，想要经营跨境电商以及运输商品都必须要在海关进行备案并接受监管，具体对不同的商品和物品有着不同的监管体系，并将货物监管划分到了一般贸易体系。

56 号文件的推出，从进口来看，会给那些从事"灰色代购"的小公司带来冲击，会按照一般贸易征免税，而那些试点下的合法跨境电商将可以享受到行邮税。从出口的方面来讲，这份文件对私人物品与货物及它们的报关手续在细节方面做出了有效补充。

该文件对这几年的跨境电商试点运行做出了总结，明确了跨境电商的合法地位。它将会推动跨境电商行业朝着健康平稳的方向发展，给国内的跨境电商企业带来新的机遇，后续必将会带来完善的、科学健全的监督体系。

（二）出口退税工作已在提速，利好跨境电商龙头

目前，我国出口电商的商品主要采用小件包裹的方式走不能正常报关的快件清关通道，无法获得出口退税的福利。行业内要求出台相关政策的呼声由来已久，但是由于其涉及增值税发票、海关的整个系统对接等诸多方面的问题，目前要实现出口退税工作还欠缺现实条件，需要相关的法律、程序进一步的发展。

令人欣慰的是，如今的出口退税工作也在不断发展，以深圳、青岛、东莞、上海为代表的试点城市已经开始提供报关与退税服务，主要推行的是"分送集报"的形式，即对企业以月销售额进行统计提供退税服务。

2014 年 6 月 10 日，兰亭集势受到了深圳国税退回的共计约 29000 元出口退款税，这也是全国首单在海关 9610 监管代码操作完成的跨境电商出口退税。兰亭集势 2013 年在前海跨境电商平台出口的一批货物价值总计 20 万元，出口退税达到将近 3 万元，这将会为以后的出口退税工作的全面展开奠定坚实的基础。

第六章 商业模式：跨境电商迎来崭新的"黄金时代"

第一节 跨境电商在新时代的积极探索

2008 年开始的全球金融危机让整个世界经济陷入困境，经济的乏力让国际采购需求急剧下降，冲击最大的自然是中国制造业的对外出口，这个时期很多中国制造业主都被大额订单客户抛弃。2008 年以前，一家浙江黄岩的木制挂件公司出口高峰期一个月可以有 10 个集装箱，在世界金融危机冲击下，企业出口最难的时候一个月出柜数量仅为 4 个集装箱，传统大额订单的需求急剧下降，很多传统的制造企业在这个时期面临巨大的生存危机。经济低迷也让各国的个人买家更加积极地从中国这样的产品价格低廉的国家进行国际网购。其实在 2008 年以前国际 B2C 这样的小额外贸出口模式一直存在，但是直到世界经济危机，传统外贸渠道出现困境，才真正把小额外贸推上了中国外贸的历史舞台，最终发展成驱动中国外贸发展的新动力。跟传统的大额外贸出口订单模式相比，小额外贸是小批量、多频率，支付、物流、仓储等都通过在线方式实现。很多贸易型、平台型的企业正是在这样一个小额外贸发展的特殊红利时期，抓住了市场机遇，在竞争不激烈的前提下，迅猛发展。小额外贸互联网渠道的发展跟国内在线零售发展类似，也分为自建平台型和进驻平台型。谈到自建平台型跨境电子商务企业的成功案例，我们就不得不说一下曾经的标杆跨境电子商务企业"兰亭集势"。

一、兰亭集势

（一）中国平台型小额外贸企业的标杆"兰亭集势"

兰亭集势（Light ln The Box.corn）的创始人郭去疾拥有非常傲人的互联网职业背景，曾经是 Google 和亚马逊的高管，他对中国外贸市场变化的判断是敏锐并且精准的：经济危机让低成本规模化生产的旧外贸时代终结，世界消费者需要个性化的网络零售服务市场。正是基于这样的市场判断，兰亭集势在 2007 年正式上线。成立之初它在中国跨境市场是一枝独秀，它把品类选择放在电子等最热销的产品上，一开始主要的市场是在欧美发达国家，2009 年兰亭集势又引入了跨境电子商务最火的品类——婚纱产品，同时又上线法语、西班牙语、德语和意大利语版本。在这个时期兰亭集势背靠中国制造廉价的产品优势，加之整个市场同质化竞争对手少的条件，企业发展非常迅猛。兰亭集势影响中国跨境电子商务业绩最为标志性的事件是它作为中国外贸第一股在海外上市。兰亭集势在这个中国跨境电子商务的特殊时期占据了天时地利人和的优势，终于在 2013 年 6 月 6 日于美国纽交所上市成功。兰亭集势的上市事件对于中国整个跨境电子商务的影响是历史性的。

（二）兰亭集势的上市对于中国小额跨境外贸的影响

1. 引发中国社会对于小额跨境电子商务的关注

作为长期存在的外贸出口模式，小额跨境电子商务很长时间内一直处于低调甚至边缘的境地，整个中国外贸业界对于小额跨境外贸的争议也从来没停止，国家相关部门也一直保持观望态度。作为一种最具备成长性，外贸驱动力，全球影响力的外贸商业模式，无论是中小企业还是政府，在兰亭集势上市之前对小额跨境电子商务的重视度普遍偏低。兰亭集势的成功上市无疑给整个市场和无数外贸创业者注入了一剂强心针。以兰亭集势上市为分界线，此后，中国的小额跨境电子商务真正开始爆发式发展，到 2015 年已形成了包括支付、物流、仓储、培训服务等一整套的小额跨境电子商务产业链。原来单纯依靠 OEM（代工）出口的中国制造工厂，已经前赴后继地在跨境小额外贸市场发力，很多制造企业短短几年就取得了非常惊人的销售业绩。在深圳的跨境小额贸易圈，年销几千万元已经不是特别惊人的事情了。而政府方面也给予积极的引导和评价，无论是产业还是税收、法律都给予了很多鼓励政策。

2. 真正从小额外贸到跨境电子商务 B2C 的转变

现在如火如荼的跨境电子商务 B2C 的前身就是小额外贸，很长时间内大家对跨境电商的理解更多停留在小额外贸，认为这样的出口模式仅仅局限于少数品类的小额出口，兰亭集势的成功让跨境电商从小额外贸转变为跨境电子商务。兰亭集势从单一的婚纱产品线开始发展，短时间内将产品品类扩展到电子产品、玩具、饰品、家居用品、体育用品，而且持续发展，中单、大单也应运而生，这体现了跨境电商的核心价值。依靠中国制造业的廉价优势，结合互联网技术，打造出了一个创新的高效供应链渠道。在 2008 年传统外贸遭遇寒冬的情况下，跨境电商 B2C 避开烦琐的传统外贸出口渠道层级，直接面对终端消费者，重新定义了客户和供应商的关系，创造了中国外贸的新价值，打造了线上的供应链，真正实现了从小额外贸到跨境电子商务的转型。

二、小额外贸的探索之痛

小额外贸虽然有非常优越的在线条件，但是就像任何一个新电子商务模式的产生一样，小额外贸在刚刚盛行的时候风波和争论一直不断。

作为中国最早的一批跨境电子商务的应用者，我虽然在小额外贸领域取得了非常好的业绩，但是内心一直处于纠结和彷徨的状态，因为小额外贸创立之初一直有很多问题没有解决，而且国家对小额外贸的政策并不明朗，很多小额外贸从业者都是闷声发财，低调做事。困扰早期小额外贸发展的有如下几个致命瓶颈。

（一）报关的风险瓶颈

小额外贸的 B2C 模式通过在线方式直接跟世界各地的终端消费者交易，类似于现在的天猫，通过国际物流的方式把产品发给客户。跨境贸易涉及国际出口运输，最为核心的是出口报关环节，而小额外贸很长时期内一直处在不合法不合规的尴尬境地。因为当初主流的出口模式是集装箱出口，出口货物需要申请报关，供应商需要开具增值税发票。而小额外贸基本上属于个人零售，往往以样品、礼品的方式选择不报关直接出口，这样的出口模式在小额外贸创立之初是存在风险的，而传统外贸的报关流程显然不适合十几美金甚至是几美会的小额外贸。

（二）国际物流的瓶颈

小额外贸一开始选择的国际物流方式主要是廉价小包和廉价大包，中国香港邮政的香港小包和大包是主流的物流渠道，因为常规的 UPS、DHL 等国际包裹的物流成本非常贵。但是中国香港小包当时有很多问题，某些地区不能查询快递物流记录，经常会丢件，丢件后也无法追究责任。

（三）假货严重

小额外贸模式当初发展得非常迅猛，特别是在广州、深圳等制造业发达的城市，小额外贸的暴利让素质参差不齐的卖家涌入此行业，鱼龙混杂，甚至是假货盛行。在某些小额外贸平台仿品假货甚至高达 50%，假货的盛行直接影响着刚刚发展的小额外贸的国际声誉。很多国外买家买到了假冒伪劣产品又投诉无门，这极大影响了中国供应商的整体声誉。

（四）税收的问题

我国退税政策要求出口企业必须具有进出口经营权，出口货物离境必须报关，出口收汇必须正规核销。而当初的小额外贸出口不报关，结汇不走正规流程，没有发票和核销，所以，不能享受国家的出口退税政策。

这就是小额外贸最真实的在中国市场的探索之路，当传统外贸在 2008 年的经济危机中受到挫折的时候，中国的外贸人找到了一条逆袭突围的道路。虽然这种方式一开始经历了野蛮生长的阶段，但是随着跨境电子商务的发展越来越迅猛，国家和政府慢慢开始重视这个中国外贸的蓝海市场，跨境电子商务的发展越来越规范。

三、跨境电子商务的先行者——敦煌网

2004 年创立的综合性跨境电子商务平台"敦煌网"对于中国跨境电子商务的发展具有里程碑的意义，正是因为敦煌网的开拓创新和布道式的教育普及，中国很多出口制造企业主才投身跨境电子商务。

2014 年 9 月 19 日敦煌网成立 10 周年庆典在北京世纪剧场举行。曾经有位记者采访王树彤问及"敦煌网"名字的由来，她回答敦煌网在创立之初就确立了"促进全球通商，成就创业梦想"的使命，立志成为新时代丝绸之路上最重要的驿站，帮助中小企业在平台上"买全球、卖全球"，所以起名为"敦煌网"。

创立之初美好的愿景并没有换来市场的热捧，2004 年敦煌网正式上线短短半年时间内王树彤已经将 100 万元投资消耗殆尽。王树彤说那是最惨淡的时候，网站入不敷出，大批员工纷纷离开公司，只有她孤独坚守，但是幸好她从来没有想过放弃。

2009 年，敦煌网的小额在线外贸交易额高达 25 亿美元，随着敦煌网商业模式的成功，2010 年 4 月 26 日阿里巴巴正式宣布投资 1 亿美金正式征战小额在线交易市场，阿里巴巴小额跨境贸易平台"速卖通"横空出世。阿里巴巴"速卖通"的正式推出，对于中国跨境电子商务发展来说意义非凡，这代表着中国电子商务市场开始重视并且认同跨境电子商务的未来，对于敦煌网来说同时也意味着他们将遭遇强劲的市场对手。

（一）敦煌网相对于阿里巴巴的优势

我认为电子商务的核心竞争力就是创新和想象力，敦煌网对于中国制造海外出口的营销理念是非常领先的。虽然阿里巴巴"中国供应商"产品是中小企业网络渠道海外出口、市场选择的主流，但是阿里巴巴的"中国供应商"更多的是一个外贸信息平台，外贸交易的其他环节，比如：支付、物流、仓储则主要通过传统外贸形式实现，本质上仅仅实现了电子商务在线交易的半个环，而敦煌网真正实现了电子商务整个环节的在线交易。

中国未来将成为全球最大的跨境电子商务市场，其核心的理由如下：第一，中的电子商务发展已经世界领先，阿里巴巴、京东等航母级电子商务公司已经完成了中国电子商务的市场教育，同时在中国电子商务市场形成了系统的电子商务基础建设。第二，中国依然是世界工厂，拥有最丰富的制造业基础。第三，跨境电子商务的世界商店模式让制造业和世界终端消费者对接，让中小企业成长和发展。

中国目前的跨境电子商务分进口跨境电子商务和出口跨境电子商务两种，敦煌网专注于帮助中国制造出口海外，与现在比较流行的 eBay、亚马逊、Wish 等 B2C 的跨境平台的区别是，敦煌网更侧重于跨境 B2B 的出口。

我认为中国的跨境电子商务发展经历了三个阶段：1999 ~ 2004 年的市场低谷徘徊期，2004 ~ 2012 年的市场上升期，2015 年至今的中国跨境电子商务市场的全面爆发期。而敦煌网的发展恰好见证了中国跨境电子商务在中国的发展。

（二）敦煌网 10 年平台发展特点

1. 目标市场从美国为主扩展到全球市场

中国的跨境电子商务最初选择的目标市场都是在美国，如"兰亭集势"就是从美国市场开始做零售的。之所以选择美国是因为美国庞大的市场购买能力和美国人成熟的在线消费习惯，每年超级火爆的淘宝、天猫"双十一"就是复制美国的"黑色星期五"购物狂欢节。敦煌网官方的统计数据显示，2014 年，敦煌网的平台供应商超过 120 万家，大概提供 3000 万种消费品，很长时间内来自美国市场的订单超过总订单的 80%。

从美国开始发展到全球市场也是中国跨境电子商务的一个重要特点，跨境市场越成熟目标市场越广泛，发展了 10 年的敦煌网已经扩展多国业务市场，美国的购物市场也由原来的占比 80% 下降到了现在的 51%，同时英国的消费比重上升到 11.2%，加拿大份额占 4.86%。

2. 商品品类从单一到全品类发展，交易规模迅速上升

中国跨境电子商务平台的发展都是从单一爆款品类开始扩展的，同样敦煌网平台商品品类保持了快速增长，从一开始的以消费电子类、婚纱等传统的跨境商品为主，发展到了 3000 多万种商品，几乎是全品类的发展。平台品类的丰富是一个平台成熟和发展的标志。而随着跨境电子商务购物模式的流行，平台的销售额也在这几年迅猛发展，以最热的跨境产品品类手机屏幕为例，2014 年比 2013 年整整增长了 65%，这些都表现了以敦煌网为代表的跨境电子商务在中国市场的发展。

3. 专注跨境 B2B 市场

敦煌网还有一个非常重要的特点就是专注跨境 B2B 领域，通过跨境小额出口帮助中国的供应商开拓海外市场，而买家性质也多是小 B 和 B 类客户，这跟很多单纯依靠 B2C 的零售平台有很大的区别，比如 eBay、Wish 和阿里巴巴"速卖通"，他们更侧重于 B2C 市场。敦煌网从创立之初就致力于帮助中国的制造企业出口海外做营销，这样的差异化定位也让敦煌网跟 eBay 等竞争对手区别开来。

对于敦煌网为什么把平台定位为跨境 B2B，这跟创始人王树彤对于电子商务的理解有关。王树彤认为未来中国会成为全球最为重要的跨境电子商务市场，核心的理由是她认为中国很长时间里还是世界制造中心，而跨境 B2B 可以直接给这些供应商带来出口销售量，而销售量是每个中国供应商最为关心的问题。

对于中国跨境电子商务未来的发展方向是 B2B 占主流还是 B2C 占主流，我认为应该是两者共存的发展模式，跨境 B2B 未来的发展方向更多是帮助中国传统的 OEM 制造企业实现从廉价制造到高端制造的飞跃。对于广大传统制造业经营者来说，跨境 B2B 模式更为适合企业的发展。

4. 移动端的"M 计划"

移动端的跨境电子商务这几年最大的亮点是 Wish 平台，以移动互联网为主要销售平台的 Wish 这几年发展迅猛。作为中国发展资历最老的跨境电子商务平台，为了更好地满足跨境市场的发展需求，也顺应移动互联网的大潮流，敦煌网推出了著名的"M 计划"，因为未来无论是传统电子商务还是跨境电子商务，移动端的消费采购必然成为主流。2015 年阿里巴巴全球的"双十一"狂欢节，来自移动端的跨境采购比率增加了 20% 以上，目前敦煌网平台移动网站已经占了平台 40% 以上的流量，APP 用户下载也超过了百万。还有一个问题就是关于移动端 B 类市场在线交易额的问题，很长时间内大家一致认为移动端

交易的主流是 B2C，但是根据敦煌网创始人王树彤的判断，移动端 B 类在线交易市场的规模不容小视，而且中国供应商的优势更大，更明显。

（1）敦煌网的多语言跨境海外仓库项目

我作为中国跨境电子商务最早的一批应用者，一直认为中国跨境电子商务发展有两大方向：第一，海外仓的建设；第二，目的国本土化的运营服务。2015 年 7 月敦煌网多语言多站点的海外仓项目正式上线，包括西班牙、俄罗斯、葡萄牙、意大利、德国、法国等站点。

跨境电子商务目前最大的痛点有两个：第一，物流体验差，速度慢，破损丢失严重。第二，销售体验非常差，产品纠纷和产品售后服务非常难处理。而解决这些问题的唯一途径就是海外仓的大规模建设，提高客户体验的最佳方式就是发展目的国本土化的运营。海外仓的建设直接关系到中国跨境电子商务发展的核心，我预测中国出口跨境电子商务的真正成熟至少还需要 5 年，而决定性的因素就是海外仓的建设和目的国本土化运营。

（2）敦煌网的在线物流、供应链金融和平台数据

敦煌网的创新之处就是外贸交易的整个环节都实现了在线操作，传统 B2B 电子商务平台更多是信息平台，是做交易前的工作，而对于交易后，像物流、供应链金融、平台数据并没真正实现电子商务。而敦煌网在这些方面是领先的，网站 2013 年推出在线发货物流服务，解决了跨境物流的核心痛点，简化了发货流程，同时，平台的 DHLINK 和全球四大物流公司合作，让中国卖家在海外物流的渠道价格和时效性上都有了很大的提高。而对于中国小卖家最关心的融资服务，敦煌网和建设银行合作推出了"E 保通"，与招商银行合作推出"敦煌网生意一卡通"，和民生银行合作推出"敦煌新 E 贷白金信用卡"，对于 P2P 信用贷款方面敦煌网也有很多很好的服务，这缓解了中国卖家资金不足、融资难的问题。敦煌网对于跨境电子商务的运营能力、平台的数据分析能力也非常强，给中国卖家提供了详尽的数据和分析，助力中国卖家更好地分析和运营产品。

第二节　国内跨境电商平台的主流运营模式

一、优势与痛点：跨境电商七大运营模式分析

首先，了解一下进口跨境电商的基本链条，以及需要搞定的各路环节的关键节点，如图 4-1 所示。

```
┌─────────────────┐      ┌─────────────────┐      ┌─────────────────┐
│ 品牌商签约      │──────│ 国内用户流量选取│      │ 流量化          │
│ ⊙海外商务拓展势力│      │ ⊙创业公司面临的主│      │ ⊙流量的精准转化 │
│                 │      │ 要挑战          │      │                 │
└─────────────────┘      └─────────────────┘      └─────────────────┘
        │                         │                        │
┌─────────────────┐      ┌─────────────────┐      ┌─────────────────┐
│ 货源组织供应链  │      │ 模式选品        │      │ 复购消费者忠诚度│
│ ⊙海有钱有能量消化│      │ ⊙战略战术、品类、│      │ ⊙退换货、物流时效、│
│                 │      │ 价格、多样性    │      │ 价格等          │
└─────────────────┘      └─────────────────┘      └─────────────────┘
        │                         │
┌─────────────────┐      ┌─────────────────┐
│ 国际仓储物流    │      │ 国内保税清关    │
│ ⊙自建或合作管控力│      │ ⊙政府关系/渠道控制│
│                 │      │ 力              │
└─────────────────┘      └─────────────────┘
```

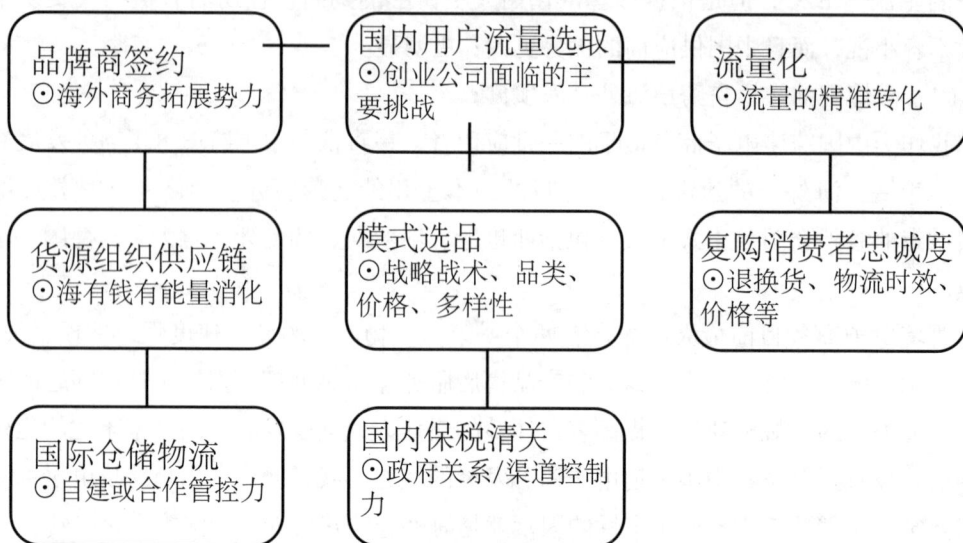

图 4-1　进口跨境电商的基本链条

下面来剖析各类进口跨境电商模式的优劣。

（一）M2C 模式：平台招商

1. 代表

天猫国际，利用自身强大的资金优势开始尝试直接引入国际品牌，打通供货渠道。

2. 优势

入驻商家为拥有海外零售资质的商家提供直邮服务，容易被消费者认可，而且本地化的退换货服务也能为消费者带来良好的售后体验。

3. 痛点

这些入驻商家多为海外品牌商的代运营公司，产品价格较高，没有强大资金支持的跨境电商企业很难进入。

（二）B2C 模式：保税自营 + 直采

1. 代表

聚美优品，京东。

2. 优势

跨境电商平台直接参与到交易支付、货源供给、物流仓储等环节中来，加速交易流程的同时提升服务质量，尤其是"闪购特卖"与直邮的结合能有效解决货源供给压力。

3. 痛点

商品品种受到限制，目前以爆品产品为主，而且国内的海关商检政策还存在差异性，就拿广州来说，化妆品与保健品就是禁运品；资金链压力，货源供给、物流清关、保税区建仓等都需要较大的资金；爆品的利润空间目前已经被压缩到极低的水平，但是目前为了沉淀忠实用户，这种模式还必须沿用一段时间，能获得资金的支持在这一阶段显得尤为关键。

4. 特例：母婴垂直类

母婴品牌在国内消费者的海淘中占据较大比例，目前做得比较成功的是 2014 年 2 月份成立的蜜芽，这类商品需求量大、购买频率高，而且容易沉淀忠实用户。

母婴垂直电商的关键点在于通过母婴产品建立垂直供货渠道，形成自己的品牌优势，从而沉淀忠实用户，在此基础上再向其他产品领域发展。但是，国内的消费者对于母婴品牌目前只选择几家爆款品牌，比如，花王、贝亲、努比等几大品牌，而且消费者通常是非原产不买，这让母婴电商面对较大的供货压力。

母婴电商大多使用复合供应链供货，供货渠道包括：海外商超扫货、国内进口商、海外批发商、代理商等，面临的供货压力较大，价格相对比较透明。当下有资金支持的电商巨头都开始引人母婴品牌来沉淀用户，一些中小公司则逐渐下调母婴品牌的比例，开始朝其他方向探索。

（三）C2C 模式：海外买手制

1. 代表

淘宝全球购、洋码头、淘世界，以个人代购为主要形式的海外买手进入商家平台，产品多为长尾非标产品。

随着淘宝全球购整合了一淘、海淘等多个业务部门，目前全球购已经成为进口跨境电商 C2C 模式中的领头羊，全球购主要面临的问题是由于海外买手的存在导致的商品质量问题，要想真正沉淀忠实用户，全球购必须快速解决这一问题。

2. 优势

由于 C2C 模式优化了供应链并且提升了产品的 SKU 丰富度，而工业时代进入信息时代以来，商业逻辑开始变为以消费者为中心、生产商差异化、销售渠道多元化、经销商信息化。C2C 模式这种对个性化、人性化的优势迎合了信息时代消费者需求的情感体验以及个性需求，其发展前景将会是一片大好。

移动互联网时代，社群经济的崛起让商家的营销开始注重满足不同类别的消费者之间的差异化需求，而且人与人之间的连接在社交媒体平台的推动下变得更为紧密，人们的生活变得移动化、碎片化、个性化。商家面对市场环境的巨大改变，如何让人们在面对当下丰富的产品时，快速选择出企业生产的商品成为困扰商家的一大难题。

而 C2C 达人模式能在消费者所关注的情感体验层面上和消费者交流沟通，从而进行满足消费者个性化、定制化的精准营销。对于平台而言，能够将买手塑造成一个个明星级的意见领袖。这些意见领袖能通过自己对风格与品位的影响力获得大量消费者的认可，从而产生情感的共鸣，为平台创造巨大的价值。

B2C 注重的是产品与服务的标准化，需要借助 PC 端的引流形成规模效应。但是，移动互联网时代电商开始有了社交属性，商家开始创造消费场景，拥有海量商品种类的 C2C 平台在这个时代将会大放异彩。

3. 痛点

盈利模式不够清晰，仅靠广告投放与返点盈利所获得的利润很难持续下去，由于是个人买手，消费者的服务体验得不到保障。目前买手制平台的转化率长期保持在 2% 以下，如何完成快速转化形成品牌优势是 C2C 模式的一大痛点。

（四）BBC 保税区模式

跨境供应链服务商和跨境电商平台进行合作，由平台负责获取用户订单，跨境供应链服务商收到订单后以保税方式发货，将产品送至消费者手中，部分供应链服务商还提供一些供应链融资服务。

1. 优势

没有库存，不存在销售风险，高效便捷。

2. 痛点

这种模式的跨境电商大多都是打着跨境电商的旗号，做的却是一般的海外贸易，长此以往很难有所发展。

（五）海外电商直邮

1. 代表

亚马逊。

2. 优势

强大的全球供货能力以及物流体系。

3. 痛点

当下阶段的跨境电商需要考验境内转化销售实力，能否抓住本地消费者的需求，是亚马逊能够做好跨境电商的关键所在。

（六）返利导购／代运营模式

1. 代表

分为两种，其一是与海外电商合作代运营中文官网；其二是以海猫季为代表的技术型平台，借助开发系统工具连接海外电商网站，并进行中文翻译帮助用户完成下单。

2. 优势

门槛较低，不用投入大量资本，商品品种丰富，易于消费者搜索等。

3. 痛点

从长远来看，大量商家涌入后很难形成核心竞争力，而且对商品的库存量、价格等需要进行实时更新，大部分此模式出身的跨境电商企业已经转型。

（七）内容分享／社区资讯

1. 代表

小红书，通过平台内的内容营销将社区用户转化为消费者。

2. 优势

拥有强大的海外品牌培养能力，易于实现用户流量的转化。

3. 痛点

需要整合供应链能力，缺乏资金支持。

二、跨境 B2C 模式：从"世界工厂"到"世界商店"

众所周知，中国是依靠制造业崛起的大国，并在全球享受"世界工厂"的美誉，由中国生产出来的产品不仅种类繁多，而且物美价廉，深受广大国外消费者的喜爱。

但是有时候消费者在国外的实体店根本就买不到，而且一些产品从国内走向国外，价格也就跟着水涨船高，普通的消费者负担不起，因此国外很多消费者的消费需求并不能得到有效的满足。而国外又是一个充满巨大开发潜力的消费市场，于是跨境 B2C 的出现成为成功打开国外市场的一把钥匙。

在跨境 B2C 的模式下，由中国制造的产品可以走到更大的国际市场上，海外买家可以更方便地买到物美价廉的产品，而对于国内企业来说。通过网络销售渠道将产品销往国外市场，获得可观的利润，为企业的长远发展提供了重要的资金支持。

跨境 B2C 凭借自身的优势得到了迅速的发展，越来越多的企业开始将目标瞄准了 B2C，并且预备在这一领域大展身手。兰亭集势米兰网、大龙网、踏浪者科技、易宝（DX.com）等几个是具有代表性的跨境 B2C 公司，如表 4-1 所示。

表 4-1　具有代表性的跨境 B2C 公司

公司名称	成立时间	公司规模	运营方向	融资金额	发展现状
兰亭集势	2007 年	1000 人以上	涵盖服装、电子产品、饰品、玩具、家居用品等	截止到 2013 年 6 月，兰亭集势已经完成了四轮融资，融资金额达到 5127 万美元	奥康鞋业以每股 ADS6.30 美元，总计以 7734 万美元的价格收购兰亭集势 25.66% 股权，成为兰亭集势的大股东
米兰网	2008 年	300 人以上	专注于服饰领域以及周边产品	2011 年在 A 轮融资中融到千万美元	入驻速卖通，全面发力移动端 APP
大龙网	2009 年	1000 人以上	中国供应链合伙人	2014 年完成 3 轮融资，投资金额超过一亿美元	开始重点发展海外业务
踏浪者科技	2010 年	500 人以上	小额批发以及零售	不详	创始人杨兴建离职

公司名称	成立时间	公司规模	运营方向	融资金额	发展现状
易宝（DX.com）	2000 年	1300 人以上	主要销售电子产品、家庭用品等	2000 年上市；2013 年和 2014 年盈利下滑	2014年推出DX商城，进一步丰富了产品品类；2015年联盟主席转让了一亿股的股份

跨境 B2C 的出现帮助企业解决了产品销往国外的难题，同时还为企业带来了巨额的利润回报。在巨额利润的诱惑下，越来越多的跨境 B2C 网站如雨后春笋般在众多领域遍地开花。2013 年兰亭集势在美国的上市让更多的行业对跨境 B2C 的未来充满了美好的憧憬。

但是，随着行业格局的演变，跨境 B2C 公司的热度逐渐消退，当初的红火之势也逐渐失去了踪迹，在这种背景之下，他们不再将业务的经营重点放在 B2C 上，而是选择另辟蹊径，重新为公司寻觅新的利润增长点。

（一）跨境 B2C 平台难以形成品牌优势

为何跨境 B2C 在经历了炙手可热之后没有形成自己的优势呢？主要原因在于消费者的重复购买率不高；海外买家在购物时往往是通过搜索引擎找到商品的，因此平台自身不能形成品牌，这样企业也就很难在国外市场上建立自己的品牌影响力，并且也会阻碍销售范围的拓展。

因此，很多跨境 B2C 公司为了吸引更多的消费者，不得不花费大量的时间去积攒流量，也有的企业选择不断地去做搜索引擎优化，比如，兰亭集势，虽然在国内外贸销售网站的排名中居于前列，但是产品的销售过分依赖于谷歌，一旦谷歌在算法上做出调整，兰亭集势的发展就很容易受到影响。

2011 年针对网上出现的恶意影响搜索结果的现象，谷歌实行了新算法，而背靠谷歌搜索的跨境 B2C 公司的流量都出现了下滑的现象，曾经兰亭集势在谷歌的搜索引擎上都一度搜索不到。

（二）跨境 B2C 平台，需要跨越 3 座大山

要想保证跨境 B2C 的顺利开展，企业首先应该解决好以下三大问题，如图 4-2 所示。

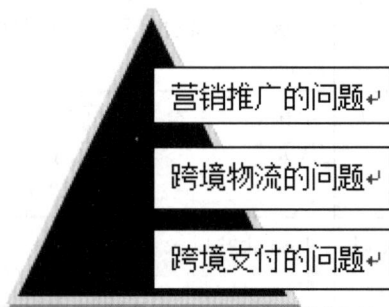

图 4-2　跨境 B2C 平台需要解决的三大问题

1. 营销推广的问题

早期大多数跨境 B2C 都依赖于谷歌进行产品推广，而那时候谷歌的推广成本比较低，跨境 B2C 还能将更多的利润掌握在自己手中，而随着谷歌新算法的调整以及推广费用的持续上升，越来越多的企业难以承担持续走高的推广费用。

而且，跨境 B2C 上面的买家购买需求并不旺盛，再加上重复购买率低，不推广产品就难以让更多的海外买家知道，难以保证产品的销量，而推广又承担不起推广费用。此时的跨境 B2C 公司已经陷入了进退维谷的境地，因此解决营销推广的问题是众多跨境 B2C 公司的当务之急。

2. 跨境物流的问题

产品从国内流通到国外市场，必然少不了物流这一环节，但是跨境 B2C 的物流成本不仅高，而且物流配送的周期长，比如，一双鞋的价格是 100 元，而从国内运送至国外的物流成本就可能需要 200 元，因此这双鞋子在国外市场的售价自然就会相应提高。

再加上物流运送的时间长以及各种包裹损坏或者丢失现象的发生，就很容易出现顾客投诉的问题，从而影响到公司的信誉度以及产品的销量。

3. 跨境支付的问题

跨境 B2C 交易中经常使用的支付方式是 PayPal 和信用卡，PayPal 比较安全、方便，而且支付起来更加迅速，但是很多 B2C 网站都被 PayPal 以各种理由处罚过，因此很多 B2C 网站对 PayPal 是爱恨交织。而使用信用卡常常会遇到透支以及恶意购买等现象，产生的损耗也比较高。

除了以上亟待解决的三大问题之外，跨境 B2C 公司还要面对其他诸多问题，比如，越来越严峻的产业发展环境；在 B2C 平台上，传统供应商的采购份额不大、平台采购分量不大；B2C 平台与供应商议价的能力较弱等问题。

而且更重要的是，如果跨境 B2C 开发出优势行业之后，传统供应商就可能会转型自己做电商，随着市场份额的扩大，平台的发展就会受到限制。生存处境会越加艰难。

根源在于大多数消费者购买产品关注的并不是在什么样的平台上购买，而是产品本身。对消费者来说，只要是一样的产品，去哪个平台买都一样，再加上平台上的产品难以形成品牌，不能让消费者对平台形成一定的忠诚度，一旦其他平台上有更好的选择，他们就会转身去其他平台。

而对于传统企业来说，本身在产品方面就拥有自己的品牌优势，如果自己转型做电商的话，会很快在电商领域拥有一席之地，并且很有可能会成为压垮跨境 B2C 的最后一根稻草。

三、跨境 B2B 模式：B2B 跨境电商的运作模式

2009 年，运行了四年左右的沱沱网关闭，同时也成为整个信息性平台模式探索阶段

结束的重要标志。2012 年阿里巴巴在中国香港退市，马云就发表言论称，随着国内和国际经济环境的进一步恶化，在原材料短缺以及劳动力成本上升等压力之下，中小企业的发展速度将会逐渐放缓，B2B 业务模式也将会面临严重的问题，如果不能及时转型和升级，可能就会面临生死存亡的境地。

互联网的高速发展为整个经济社会带来了翻天覆地的变化，为了能够更好地适应这种变化，跨境 B2B 模式开始积极尝试更多新的探索。在十年的时间里，在新探索中投入的资金就已经超过了 1 亿美元，同时也出现了像美连科技、ECVV、沱沱网以及万国商业网等代表性的信息性平台，为外贸电子商务模式带来了一些创新性的改变，推动整个跨境电商朝着更加积极的方向不断向前。

（一）跨境 B2B 平台的运作模式

1. 交易平台服务

国内运行 B2B 模式的跨境电商平台有阿里巴巴、中国制造网、环球市场集团、敦煌网等。

2. 物流解决方案

一般跨境电子商务的物流运作方式一共有 5 种：快递、海外仓、专线快递、中欧铁路多式联运、邮政小包。不过随着海外仓的不断增多，更多的跨境电商公司开始采用"跨境电商＋海外仓"的物流运作模式，海外买家，主要是企业级的买家，通过跨境电商网站在线选购产品，然后利用卖家布局在全球各地的本地化海外仓储、物流系统，将商品更及时地送到买家手中。

3. 支付服务

银行转账、信用卡以及第三方支付等支付方式都可以应用在跨境电商领域，其中在跨境电商 B2B 业务模式中，主要是依靠传统线下模式进行交易，买家可以通过信用卡或者银行转账的方式进行支付货款。而 B2C 业务模块中主要通过线上支付的方式进行交易，在这一领域第三方支付工具得到了广泛应用。

4. 全流程的 B2B 跨境电商服务平台

全流程的 B2B 跨境电商服务平台模式几乎将销售、物流、金融、通关、退税、外汇、售后服务等所有的环节都收纳到平台中，在供应链整合以及现代服务业理念的基础上，平台将银行、保险以及商检等外贸环节的上下游资源整合在一起，借助遍布在全球各地的海外仓以及海外营销网络，利用传统外贸公司的经营优势以及现代电子商务技术，为国内的生产企业提供出口代理、面向全球市场的营销推广以及物流运输等外贸服务，为国内生产企业产品的出口解决了后顾之忧。

（二）跨境 B2B 两大创新模式

一个时代在结束的同时也标志着另一个时代的到来。跨境 B2B 开创了两大创新模式，即在线交易模式和外贸独立电商模式，这两种创新模式正在等待时间的考验。

1. 在线交易模式

阿里巴巴的速卖通及敦煌网是在线交易模式的典型代表，这种运营模式在用户访问量及平台运营两方面的优势，都是 B2C 平台所望尘莫及的，如图 4-3 所示。阿里巴巴一年的服务费能够达到 16 亿元，因此虽然在成立的先后顺序上没有优势，但是却后来居上成为在线交易模式的第一品牌示。

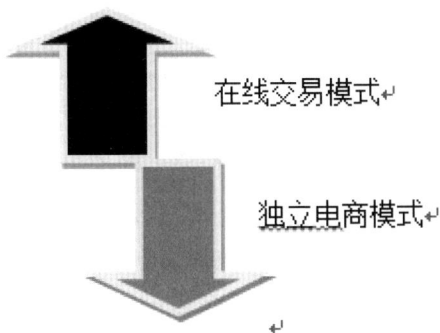

图 4-3 跨境 B2B 的两大创新模式

在线交易模式就是将商业地产模式引入在线 B2B 业务。首先需要搭建一个平台，通过招商的方式将企业吸引到平台上来，然后进行产业分工，由不同的企业分别债责不同的模块和领域，当企业进行推广的时候，是联合众多企业一起进行推广的，这样一来就可以将推广的成本分摊到每一家企业的身上，推广费用也就大大降低了；在物流方面，商业对物流的预判，也就提升了购物中的物流体验；在支付方面，由于平台自身并不是消费者，因此交易中的结算支付就可以在后期转变为线下支付。

在这种交易模式中，用户体验得到了极大的提高，从而可以吸引更多的买家，买家的需求频次也会提升，购买周期会更长，重复购买率也会得到提升。

2. 独立电商模式

从 2005 年开始，众多的服务企业就开始尝试运行独立电商模式。同样，在这一领域也出现了后来居上的实例，2009 年成立的环球广贸，成功超越 2005 年成立的四海商舟，成为外贸独立电商的第一品牌。

外贸独立电商模式的出现为传统外贸企业进军互联网提供了一把利器，有效推动了传统外贸企业的电商化进程，同时还帮助它们构建了"前店后厂"的外贸模式，为传统外贸企业的跨境电商之路扫清了障碍。

独立电商模式顺应了买家的购买习惯，帮助供应商摆脱了无休止的价格战，带来了较高的毛利润，因此受到了广大供应商的欢迎，实现了快速发展。目前，国内已经拥有了上万家独立电商企业，传统企业在其中发挥了重要的主导作用。在深圳和苏州，有很多企业通过做外贸独立电商已经成为年营收达上千万元的企业。

传统企业在转型做跨境电商的过程中，由于其在跨境电商方面知识的薄弱，需要一个比较专业的服务公司来为其提供相应的指导和帮助。专业服务公司可以为传统企业提供建站、高效推广以及资深的技术型人员，同时还要有提升传统企业做外贸以及外贸电子商务的能力。

四、B2B 跨境电商的痛点、解决方案及发展趋势

2015 年，跨境电商成为一个炙手可热的概念，并且在百度搜索上连续几个月的时间都排在前三位。随着国家各项利好政策的相继出台，跨境电商新的行业风口已经形成。根据艾瑞咨询的预测，2016 年跨境电商的交易额将达到 6.5 万亿元，年均增速将超过 30%。

从跨境电商的进出口结构来看，跨境出口在整个跨境电商的交易比例中占有九成左右，为跨境电商的交易额做出了巨大的贡献。而连接国内品牌商与全球零售商和批发商的 B2B 模式也凭借其交易量大、订单稳定的优势，在跨境电商市场中仍然占据主导性的地位，占据跨境电商市场中绝大多数的市场份额。因此说，以出口跨境 B2B 为主导的外贸电商化是跨境电商中的一个蓝海领域。

尽管跨境电商领域的发展蓝海已经出现，但是渠道缺失以及信任问题仍然是影响跨境电商发展的重大问题。随着经济全球化程度的进一步提升，中国所面临的外贸环境将更加复杂，这也就为众多的国内品牌商提出了更高的外贸经营要求，国内品牌商的外贸发展仍然是困难重重。

（一）解决渠道缺失和信任痛点

1998 年，在经济迅速发展的背景之下，国内出现了一批最早的外贸 B2B 网站，以阿里巴巴以及中国制造网为典型代表，这些网站致力于为国内的品牌商提供信息发展以及促成外贸交易的服务，但是在当时国内没有任何成功经验可借鉴的情况之下，这些外贸 B2B 网站为客户提供的服务并不专业和深入，而且没有有效解决物流以及支付问题，询盘环节之后线上交易就会转移到线下进行。

随后，B2B 交易平台出现，通过收取交易佣金的方式来实现盈利，代表网站是敦煌网。从 2013 年开始，B2B 交易平台的服务开始向交易中以及交易后延伸，为品牌商提供的服务也更加丰富，增加了物流仓储、融资等方面的服务项目，B2B 交易平台也逐渐发展成为一个资源整合平台。

跨境电商贸易的快速发展，也让这一领域开始逐渐暴露出一些问题，其中商人之间的交流障碍以及信任问题是跨境电商贸易中面临的严峻挑战。而且随着移动互联网的崛起，跨境 B2B 的发展不再满足于单纯的线上交易平台，而是将目光聚焦在了具有巨大开发潜力的移动端。于是基于移动端的跨境 B2B 商机平台应运而生，并实现了迅速的成长。

以大龙网为例，2014 年推出了"线上移动 APP，线上海外体验馆"的跨境电商 B2B 商机平台，力求帮助中国制造走出国门，走向国际，实现"移动互联网+外贸"的转型升级，为中国品牌的全球化之梦贡献重要的力量。

在移动跨境 B2B 商机平台中，移动跨境以及商机平台是两个关键词，也就是说主要的业务方向是移动端的跨境电商 B2B 模式，通过为客户提供跨境在线沟通交易 APP 约商（OSell）以及线下网贸会，约商为全球商人的在线沟通提供了一种有效的平台，而网贸会则在中国品牌"走出去"战略中发挥了重要的意义。

移动跨境电商 B2B 商机平台聚焦在解决跨境电商中，商人之间存在的交流障碍以及信任问题上，通过移动互联网与外贸的结合，在线上通过移动 APP 消除了跨境商人之间的沟通和交流障碍；在线下则通过全球网贸会为产品的展示、品牌发布以及商务洽谈提供了一个重要的平台，有效解决了信任问题。

移动互联网时代，全球贸易开始逐渐呈现小额以及碎片化的趋势，基于移动端的订单增长迅速，而移动跨境电商 B2B 平台的发展则顺应了这种趋势的发展，成功解决了渠道缺失以及信任的问题，成为跨境 B2B 中最具发展潜力的一种模式。

（二）贸易小额、碎片化是趋势

在跨境电商 B2B 领域，已经逐渐呈现出以下三种趋势：

1. 订单碎片化成为新常态

在经历了金融危机的洗礼之后，国内的外贸市场开始呈现新的特征，大订单以及长期订单越来越少，而一些碎片化的中小订单、短期订单数量不断上升，在 2013 年 4 万亿元的外贸交易额中，其中有 30%～50% 的询单量都属于中小订单，中小订单的市场体量庞大，外贸订单的碎片化已经成为一种新常态。

为了顺应这一趋势，保证公司的利润收益，越来越多的外贸公司开始逐渐将外贸业务转移到了线上，跨境电商逐渐成为促进外贸业务发展的重要方式。面对外贸形势的变化，跨境 B2B 中整个流程上的参与方应该及时做出调整和适应，从而更好地促进国内进出口贸易的发展。对国内的品牌商来说，通过跨境电商平台可以减少更多的中间环节，提高品牌商的利润率。

2. 出口 B2C 模式存在痛点

从目前来看，国内跨境 B2C 业务的发展不管是为消费者的海外购物，还是为品牌商将产品销往国外市场都带来了极大的便利，但是跨境 B2C 模式仍然存在着一些硬伤。

跨境电商的整条产业链比较长，而 B2C 模式试图将产业链中的中间环节实现扁平化，从而直接将品牌商或工厂与消费者连接起来，以减少中间商的层层克扣，但是这种模式也直接将国外的进口商以及贸易商推向了深渊，国外零售商的减少就意味着会有一部分人将面临失业，而国内的品牌商又不向对方国家纳税，对对方国家的经济利益造成了一定的影响。

而且，虽然国际上允许个人可以通过海外渠道购买货物，但是许多国家为了保证其正常的税收以及国内的社会安定，已经开始采取相应的举措来控制商品流入，这就对跨境 BC 模式的发展带来了不可跨越的障碍。

从国家的发展战略上来看，跨境B2B拥有更广阔的发展前景，将中国传统的制造型企业推到线上，积极促进外贸综合服务企业与现代物流企业的战略转型，对生产以及销售环节做到两手抓，从而有效推动跨境电商业务的发展。

3. 商机对接仍然是跨境B2B的核心，移动端的作用日益凸显

目前，国内品牌商寻找能够将产品销往海外的渠道，而国外的批发商和零售商则从国内找货源，因此商机对接仍然是跨境B2B业务的核心。

移动互联网的高速发展以及移动技术的不断提升，使得线上线下商务之间的界限划分不再像以前那样泾渭分明，而是相互之间发生了些许重合，一种互联、无缝以及多屏的全渠道购物方式迅速发展起来。

在跨境B2B方面，全球贸易小额以及碎片化逐渐成为一种趋势，越来越多的外贸业务开始转移到移动端，通过移动端，跨国交易可以实现无缝对接，卖家可以打破时间和地点的障碍，随时随地做生意。白天可以在工厂将产品的图片通过手机上传到平台上，晚上可以回复客户的询盘及接收订单，而且买卖双方之间的沟通也更加便捷。

移动跨境电商拥有巨大的市场存量，除了美国等发达国家具有较大的市场开发潜力之外，一些近年来崛起的新兴市场，比如，东南亚、非洲及俄罗斯等，也有巨大的市场开拓空间，并将为移动跨境电商的发展带来更大的增量市场。

五、跨境O2O模式：跨境电商O2O布局的四大类型

在过去的一年时间里，跨境电商风生水起，不仅各行各业的玩家相继加入这一领域，各大资本家也将此当作了自己投资的重点，进一步加快了在这一领域跑马圈地的脚步。执着于线上竞争的跨境电商们在经过了一番激烈的追逐战之后，已经基本确定了自己的领地范围。部分跨境电商已经开始将目光转移到线下，随之而来的就是各种O2O模式的兴起。

有很多专业人士认为，跨境电商O2O是一种伪命题，在这种购物模式中让消费者去到实体店去实际体验以及触摸商品，可以让他们更好地了解商品，但是在实体店只能看不能买的方式不符合消费者的购物习惯，消费者的转化率也不高。而如果消费者可以在线下实体店就能直接买到商品，那就变成了一般贸易进口，需要缴纳一般贸易货物税，而且不可避免地要经过商检，这也就不是所谓的跨境电商了。

暂且不论跨境电商O2O模式是不是伪命题，已经有很多的先行者在这一领域迈出了探索的脚步。实现这一目标的路径并不是唯一，关键在于怎样从自身的特点及优势出发，开发或探索出适合自己的模式，抓住消费者的热情及对这一领域的好奇心，培养其形成一种购物习惯。

就目前来看，国内的跨境电商O2O模式，可以分为以下4种类型，如图4-4所示。

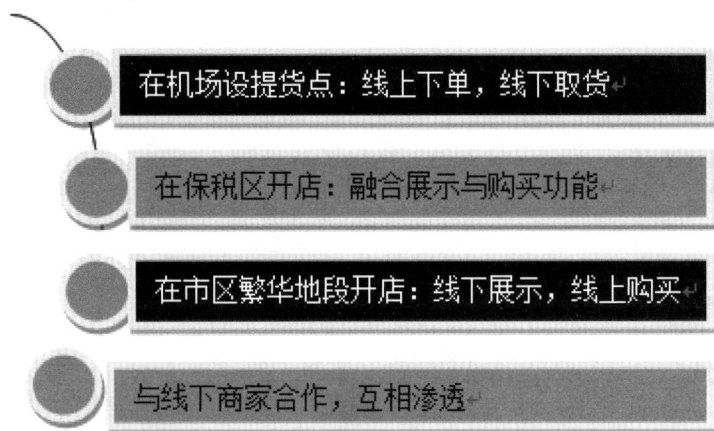

图 4-4 跨境电商 O2O 布局的四种类型

（一）在机场设提货点：线上下单，线下取货

2015 年年初，天猫国际在内部秘密成立了 O2O 事业部，主要的目标就是全球机场的免税店。天猫国家所运行的跨境电商 O2O 是这样的：消费者在出国前以及出国的过程中，可以通过天猫国际购买海外机场免税店中的商品，在回国的时候可以直接去免税店将商品提货。

在国内电商企业中，除了天猫国际外，携程旅行网也采取了在机场设提货点的 O2O 模式。2015 年 2 月初，携程旅行网上线了"随行购"网购平台，将目的地旅行以及购物结合起来，游客可以根据自己的旅行地选择随行购相应站点的产品，并且可以选择在机场提货或酒店提货。

携程网"随行购"已经在多个境内外机场设立了提货，可以方便游客提取商品。境外的提货站点包括韩国、日本、中国香港、中国台湾，并计划将境外业务的范围逐渐拓展到澳洲、新西兰、新马泰等著名的旅游地。

天猫国际引入免税店的商品不仅进一步丰富了网站内的商品种类，同时也有效提升了消费者在免税店内的购物体验，比如，消费者不用再浪费时间在免税店中排队买单；有更加充裕的时间挑选自己喜欢的商品等。

携程随行网可以称得上一种精准营销，将境外旅游以及境外购物实现了无缝对接，通过线上下单、机场或酒店提货的方式为消费者节省了购物的时间，提升了购物体验。

（二）在保税区开店：融合展示与购买功能

加拿大新永安集团旗下的跨境电商平台美市库（Americo）是国内在保税区开店的典型代表。新永安集团的保税区店铺沿袭仓储式超市的运营思维，这种店铺有三种功能：一是可以当做货品存储的仓库；二是可以直接面向消费者出售一般贸易进口的商品；三是可以在店铺内展示跨境进口的商品。

对于跨境进口的商品，可以通过实物展示以及平板电脑展示的方式，让消费者了解产品的具体信息，在线上下单，美市库在接收订单之后会通过海外直邮或保税仓发货的方式，将商品直接运送到消费者家中。

美市库已经在天津、宁波以及福州的保税区店铺投入运营，并且取得了不错的业绩。之后，美市库将在国内各大保税区内设立自己的店铺，同时也计划将店铺开在一些大城市的繁华地带。

（三）在市区繁华地段开店：线下展示，线上购买

2014年12月，中国的海外购物平台洋码头在上海推出了第一家线下体验店，平台上包括美、澳、欧、亚四大洲的上百个海外商家，有近千件商品在体验店亮相。但是，洋码头线下体验中心持续的时间很短，选址在上海繁华的南京路上，主要目的就是为品牌做推广。

2015年年初，美悦优选在广州市珠江新城春商场推出了第一家保税展示交易店，试营业期间在受到众多消费者追捧的同时，也在行业内引起了巨大的争议，随后体验店被迫停止了现场提货的服务，体验店中只保留了几件样品供展示，顾客只能在门店体验之后，在网上下单，这让一众到店体验的顾客都大失所望。

此后，美悦优选表示要在全国大中城市复制推广保税展示店，并计划在2015年开设约800家线下店，其中有三成是直营店，有七成是加盟店。线下门店可以分为两种类型：一种是能够直接销售商品的门店，兼具完税商品销售以及保税商品展示的功能；另一种是纯展示店，主要是通过海报、平板电脑等方式展示商品。

（四）与线下商家合作：互相渗透

2015年4月，蜜芽宝贝宣布与红黄蓝教育机构联合，面向全国300多个城市1000多家线下园拓展线下渠道。蜜芽宝贝的商品会在红黄蓝园所中进行展示，消费者只要通过手机扫描二维码就可以直接下单。此外，消费者也可以通过蜜芽宝贝以及手机APP购买红黄蓝的早教服务。

未来，双方的合作将更加深入，将会在全国的儿童业态领域开设虚拟电商货架等合作模式，结合线下导购、套餐搭配以及活动促销等活动形式吸引更多的消费者，提升顾客的购物体验。

除了以上几种比较典型的跨境电商O2O模式之外，有很多的企业也开始将下一步的战略布局重点集中在O2O领域。比如，2015年4月，深圳腾邦前海国际跨境保税购物展示中心在前海万科企业公馆试营业；五一期间，跨境商品直购商城风信子建立在广州南沙区的线下体验中心正式开业，河南中大门保税直购体验中心正式营业。

缺乏信任是阻碍跨境电商发展的一个关键因素，其中既有消费者对海外商品质量的不信任，也有对购买渠道的不信任。而在线下设立体验店的目的就是为了能让消费者亲身体

验到商品，从而让消费者逐渐消除对海外网购的疑虑。在当前环境下，跨境 O2O 模式已经成为跨境购物的一种新潮流。但是各种 O2O 模式最后的战况如何，还有待时间的检验。

第三节　独立 B2C 跨境电商的盈利模式探索

一、独立 B2C 跨境电商的盈利状况分析

在各类网站叫嚣着"独立 B2C 已死"或是"独立 B2C 没有出路"的时候，其跨境模式在打通外贸产业链的同时悄然兴起，诸多细分领域中纷纷出现了领头羊，寻求到自己的海外生存空间。一般而言，这些所谓各自领域里的龙头企业凭借的皆是自身的优势，之后再通过差异化竞争来谋求发展。

但是，这并不代表各类网站对于独立 B2C 的论断是完全错误的。虽然独立 B2C 跨境电商看似发展得风生水起，且经营实现了规模化，但是盈利瓶颈却依然存在，如若得不到突破，难保上述论断不会成为现实。

在传统的外贸产业链的模式下，货品到达消费者手中需要经过工厂、外贸公司、进口商、批发商以及零售商，而经跨境电商的重构外贸产业链，货品到达消费者手中只需经过在线网商、在线平台、海外商人即可。省略了进口商一个环节，却能够将净利润提升数倍。

在这样的背景下，越来越多的企业加入了跨境电商的行列，然而，第三方跨境交易平台虽发展得顺风顺水，但却不是所有企业的最佳选择，于是独立 B2C 跨境电商便日渐兴起。经过一番苦心经营，目前已有多家独立 B2C 平台渐成规模，步入了亿元领域，比如兰亭集势、环球易购、DX、大龙网、米兰网等。

这些在细分领域中可谓是属于领头羊的企业所实行的模式就是自建网上商城，直接面向全球消费者，可以说它们能够取得一定成绩的原因就在于正确定位了其优势领域，并在此基础上探求新的商业模式，以期获得更广阔的海外发展空间。

以兰亭集势、DX、环球易购为代表的独立 B2C 跨境电商平台，在盈利状况方面也表现出明显的不同，兰亭集势毛利率呈上升趋势，但总体处于亏损阶段，当然亏损幅度在逐步缩小；DX 的盈利状况呈现下滑态势；环球易购则以其稳定的发展带来了相对稳定的盈利，并呈现稳步增长态势。

那么，为何 B2C 跨境电商盈利状况会呈现出明显的分化态势？外贸 B2C 企业的盈利点又在哪里呢？下面就进行深入的分析。

（一）品类与成本优势决定毛利率差异

品类选择是决定 B2C 跨境电两企业盈利状况的核心要素。一般来讲，合理的品类搭配由企业的核心优势品类与非核心品类两部分组成，前者是毛利率的主要贡献者，后者则

起到引流的作用。

品类组合就决定了兰亭集势、DX 与环球易购毛利率的差异：

（1）兰亭集势

兰亭集势逐步缩小了企业自身不占优势的 3C 电子产品的比例，而将重心放在婚纱礼服定制与小配件的品类组合上。小配件帮助兰亭集势实现引流的目标，婚纱礼服的定制则可以在降低成本的同时实现较高的定价，这就缓解了 3C 品类毛利率低所带来的负面影响，从而实现毛利率的逐步提升。

（2）DX

DX 之所以能够始终保持较高的毛利率主要就在于其强大的成本控制能力。DX 的主要品类就是 3C 电子产品，企业借助深圳电子产品基地的便利条件可以获得更低廉的价格，以其低成本获得高盈利。当然，DX 更应该在生产成本提高、竞争加剧等不利条件下意识到维持低成本的艰难，进而寻求提高盈利能力的其他方式。

（3）环球易购

环球易购的服装平台为其贡献了相当多的毛利率，服装品类十分丰富，同时 3C 电子类产品也为环球易购带来了众多年轻的粉丝。环球易购丰富的 SKU 以及精准的营销推广与客户群体定位，使企业与消费者形成密切的联系，使其在产品定价上具备不同于兰亭集势和 DX 的优势。

（二）销售费用居高不下，物流成本需要优化

对于 B2C 跨境电商企业来说，所获毛利率越高，意味着其销售费用支出也就越高。原因有二：其一，为了获得更多的新用户企业需要引进更多非优势品类，而在扩大品类范围的同时就需要加大营销推广费用的投入；其二，跨境电商对搜索引擎颇具依赖性，但是谷歌 CPC 定价规则的不断变化使得企业的广告投放成本也在不断增加。

当然，不同的外贸 B2C 企业销售费用居高不下的具体原因也不尽相同：

（1）兰亭集势高额的销售费用与其品类结构不无关系。婚纱礼服的重复购又率低于其他品类产品，所以兰亭集势需要扩张非优势品类，这就带来了较高的营销成本。当然引流成功之后重复购买率也会逐渐提升，销售费用支出较高的状况也会有所缓解。

（2）DX 较早启用"论坛营销"模式，形成很高的用户黏性，"论坛营销"在成本控制方面显示出较大的优势。

（3）环球易购与前两者相比销售费用更多一些，原因就在于其营销方式主要是在搜索引擎等付费流量上，且环球易购有限的海外影响力迫使其大量支出以进行营销推广。在跨境电商的整个运营支出中除了销售费用以外，物流配送费用也是占比很大的部分。那么，到底是什么原因导致物流配送费用成了跨境电商的大额支出呢？

原因同样有两个：一是 B2C 是零售模式，其快递以散单为主，相比于国内物流其运输距离更长、配送效率较低，导致单位物流成本较高；二是跨境电商面对的是海外市场，

所以商品出口要经过清关环节，普通小件包裹走快件清关通道，超过限额（600 美元）的包裹则要走贸易清关。相比方下清关成本就会大幅增加，如表 4-2。

表 4-2　跨境电商主要物流渠道方式成本及效率情况表

渠道方式	价格	时间
邮政小包	80~90 元 / 每千克	30 天以上
快递物流	120~130 元 / 每千克	7~15 天
专线物流	100 元 / 每千克	15~30 天
海外仓	100 元 / 每千克	7 天以内

（三）跨境电商人才需求旺盛，推高人力成本

无论任何时候，人才都是企业发展的重要动力。许多传统制造企业看到了跨境电商市场的发展前景，纷纷进入该行业，掀起了重金挖掘跨境电商人才的狂潮。这使得企业的人力成本不断增加，对于企业的稳定发展产生了巨大的负面影响。

我们不否认在未来 B2C 跨境电商的竞争中人才将会成为关键因素，但是对于入力成本不断提升对企业带来的不利影响也要有所警惕。同时企业要引进更多优秀的海外人才，缓解跨境电商人才需求的压力，最终实现企业效率的优化。

（四）跨境电商在不同发展阶段盈利会出现较大差异

由于兰亭集势、DX 以及环球易购在品类组合、营销手段以及运营支出等方面存在较大差异，因此必然会出现各不相同的盈利状况，在不同阶段会表现出明显的差异。

（1）兰亭集势为将企业打造成全球化的外贸 B2C 平台，会不断加大投资力度来扩张自己的优势品类，打造核心竞争力，盈利并不是兰亭集势在平台转型期所注重的内容。

（2)DX 借助自己立足深圳的本土化及低成本的优势，在前期发展中获得了不错的盈利。但是 DX 只专注于 3C 电子产品会导致品类规模狭小的状况，在激烈的市场竞争中无法掌握主动权，盈利状况不容乐观。

（3）环球易购作为后起之秀一直在进行 SKU 和用户规模的扩张，这会帮助环球易购在一定时期内保持较快的增长速度，盈利也会保持平稳增长，但是，环球易购要警惕在加大营销与供应链体系投入之后所带来的瓶颈期，所以未来环球易购的盈利水平到底如何还需时间的检验。

二、独立 B2C 跨境电商的内在投资机会

（一）"价差"是出口跨境电商的根本动力

跨境电商是伴随着互联网发展起来的行业，国内外市场在产品定价上的不同，即"价差"是外贸 B2C 得以发展的根本动力，这与传统进出口贸易是相似的。当然，进口电商

与出口电商相比，除了价格驱动因素，品牌与质量也是其长久发展的重要因素。

进口电商就是以消费者对品牌、品质的日益重视为背景，随着国内外产品在定价上的差异不断加大迅速发展起来。例如，进口电商的代表性企业——海淘，发布的多是高附加值或大品牌的产品。国内外市场分销流通效率的差异是"价差"出现的最根本原因。为什么大牌产品在国外便宜，而在国内却高得离谱呢？我们以美国为例：美国的流通体系比国内完善，产品定价本来就不高且降价很快，但是国内品牌的终端定价再加上各种中间成本之后就翻番了。其中的"价差"就是进口电商获利的主要动力。

出口的外贸 B2C 企业所经营的产品品牌附加值低，甚至是无品牌产品。相比于国外产品，低附加值的产品更能体现国内价格优势。由于出口电商的目标群体多是中低收入者。他们更看重低廉的价格，所以出口跨境电商大都不在意品牌或品质，"价差"是其发展的根本动力。

（二）在"价差"的基础上，优选品类非常关键

B2C 跨境电商要想在激烈的竞争中占取主动地位，除了要把握"价差"这个根本动力，还要做好品类的选择，这关系到企业的盈利问题。相比于境内电商的无所不包，跨境电商的品类选择对毛利率的要求更高，在具体选择中以个性化、长尾产钻取代了标准化产品。

不同的品类选择会对企业的盈利能力产生较大影响，优选品类可以提升企业的盈利能力。我们以之前提到的环球易购和 DX 为例：环球易购选择服装这种非标准化产品作为自己的核心品类，若想获得更多的利润就要不断丰富 SKU；DX 借助地域优势主打 3C 电子类产品，只有实现规模化、标准化才能够获得更多的毛利率。

不同的品类选择还是影响重复购买率的关键因素。兰亭集势以婚纱礼服定制为核心品类，但是婚纱礼服是一次性消费，重复购买的可能性不大。在意识到这个问题之后兰亭集势改变策略，注重长尾产品的选择，提升了消费者的重复购买率。

（三）对于独立 B2C 跨境电商，本土化难题应如何破解？

跨境电商要想真正发展起来就要立足海外，那么海外本土化就成为外贸 B2C 企业要破解的难题。

首先企业需要在当地提高知名度；其次就是要为国内外用户提供本土化服务，提升用户的服务体验。所谓服务体验又分为产品体验和物流体验，我们主要从这两点来破解本土化难题：

1. 产品体验

产品品质是企业必须严格把控的环节，个性化定制要带给用户别样的感觉，从而形成企业的差异化竞争优势，使议价能力得以提升。

2. 物流体验

改善物流体验需要本土化为基础，而本土化则需要企业创新自身的运营模式。

一方面，企业要与海外消费者进行多层次互动，提高消费者的重复购买率，从而在推

进本土化的过程中提供更优质的物流体验；另一方面，B2B2C 即"国内公司＋海外电商公司＋海外消费者"的运营模式将成为实现本土化的最佳途径，比如，利用海外仓囤货与本地配送缩短了配送时司，为消费者提供了更优质的物流体验。

事实上，实现海外本土化不仅可以改善物流体验，更有助于拉近企业与消费者之间的距离。

（四）沿着三大方向挖掘内在投资机会

跨境电商正处于高速发展阶段，我们认为该行业还会涌现出更多优秀的外贸 B2C 企业以及更多的投资机会，当下我们可以沿着以下三个方向展开挖掘：

1.B2C 垂直领域

第三方平台和独立 B2C 跨境电商孰优孰劣的争论由来已久，像亚马逊、eBay、速卖通等综合类平台，而独立 B2C 跨境电商的优势则在于可以提供完整服务链。随着市场竞争的日益激烈，独立的外贸 B2C 企业对行业发展模式进行了深入思考。

在笔者看来，不论是何种商业模式，垂直领域依然具备诞生优秀企业的能力。优秀的 B2C 跨境电商需要具备整合上下游供应链、营销推广、本地业务能力、大数据挖掘以及提升用户体验等能力。B2C 垂直电商可以在自己的优势领域依赖垂直品类，以及完整的服务链条体系将自身打造成该行业的潜力股。

2. 品牌商正在加快国际化进程

随着互联网的发展，诞生了许多优秀的品牌企业，但是这些品牌在海外的知名度却不大。跨境电商平台的出现使国内品牌开始踏入国际市场，比如，亚马逊所推出的全球开店项目帮助许多国内企业走向世界。

当然，独立的 B2C 跨境电商也会带动更多品牌进军海外市场，为品牌商提供走向国际的新渠道，实现与海外消费者的近距离互动。

3. 服务商模式兴起，未来颇具发展潜力

服务商模式是伴随 B2C 跨境电商的发展而兴起的，它包括仓储物流、信息系统、代运营、在线支付等多种服务内容。我们以仓储物流为例，若能实现本土化仓储，将会为消费者带来更加优质的服务。而且我们认为跨境电商的服务领域的发展还具有很大的潜力，未来在服务价值链的延伸方面还会有很好的表现。

事实上，跨境电商服务领域已经出现像递网方物流公司、中环运国际物流公司这样的颇具规模并在行业内有重要影响力的企业。比如，递四方物流公司所覆盖的网购消费者规模达到 6000 万，为 3 万家跨境电商企业提供购物车建站、渠道管理软件、在线推广、货源分销、在线收付以及全球物流等一站式服务；中环运国际物流公司于 2014 年 3 月在澳大利亚上市，不同于递四方物流的一站式服务，而是专注于为跨境电商提供专业化的仓储、包装以及物流配送服务，是 Aliexpress 的指定物流推荐商和"中国邮政、香港邮政"的特许邮递服务商。

（五）兰亭集势：裂变式增长背后的逻辑

兰亭集势于 2007 年正式成立，英文名为 Light in the box，作为整合了中国供应链服务的在线 B2C，一直是我国独立跨境电子商务平台的龙头老大，从事全球网上零售业务。

兰亭集势覆盖了多种品类的商品，涉及服装、电子产品、玩具、饰品、家居用品、体育用品等十四大类，共计 6 万多种商品。同时，兰亭集势还拥有一系列的供应商或合作伙伴，比如纽曼、爱国者、方正科技、亚都、神舟电脑等知名品牌。

目前，兰亭集势已经成为国内排名第一的外贸销售网站，增速一直保持着较快水平，2014 年总营收达 3.824 亿美元，同比增长 30.8%。兰亭集势发布的财报显示，其 2015 年第一财季的净营收为 8760 万美元，较去年同期增长 7.4%。

从兰亭集势的销售市场来看，其产品的目标销售地遍及全球两百多个国家和地区，其中作为主流市场的欧美地区也包含在内。近年来，随着经济全球化的不断发展。南美、俄罗斯、印度等新兴市场进入了迅速发展的阶段，而兰亭集势未来的经济增长点或许就在其中。

那么，兰亭集势何以发展得如此迅速呢？究其原因，是其有着十分鲜明的核心特色，具体体现在以下三个方面。

1. 产品拓展以"长尾式"为主，毛利率持续优化

如上文所述，兰亭集势覆盖了十四大类的商品，整体的产品结构呈现出多元化趋势，在此基础上又有着比较核心的品类，如服装、电子产品。

我们就以服装为例，详细解读一下兰亭集势在产品拓展方面的核心特色。在兰亭集势的服装品类商品之中，定制化的婚纱礼服有着比较明显的优势，一方面在于价格，另一方面则在于定制化服务，这就吸引了广大海外消费者的眼球，并驱动其进行购买。

拿美国市场来说，其本土的婚纱销售价格都比较高。均价高于 1000 美元，而兰亭集势所售的婚纱均价仅为 300 美元左右，悬殊的差价自然使得兰亭集势具有明显的价格优势；不同国家或不同人种，身体比例有着极大的差异，审美也有着显著的不同，所以兰亭集势定制化服务就为婚纱外贸开拓了一条宽阔的大路，量体裁衣的定制模式不仅能够使消费者在合身度上感到满意。还能使得婚纱的制作跟得上国际潮流与时尚，满足消费者对美的需求。

然而，电商的盈利能力离不开消费者的重复购买，但是众所周知婚纱的重复购买率非常低，这对于培养企业用户群体来说是极其不利的，所以，近年来兰亭集势也在不断地调整着产品拓展策略。

根据长尾理论，兰亭集势选择了以多样少量为核心的"长尾式"商业模式，在选择产品时尽量保持多样化，尤其是那些线下渠道效率较低、全球供应链并不健全的品类。这样一来，重复购买率就得到了提升，再加上兰亭集势本身就具备的定制化服务所带来的定价能力，其发展必将进入新的阶段。

另外，在兰亭集势近年来所售商品品类中，小配件工具以其较高的毛利率成为收入最高的品类之一，而一贯为核心品类的电子产品及通信设备等因其毛利率较低而降低了所占比例，这无疑是为了驱动兰亭集势毛利率整体水平的提升。

2. 打造高效的供应链体系，布局海外仓解决最后一公里难题

兰亭集势在自主定价方面不仅拥有定制化服务，还有着极具优势的供应链管理模式，具体表现为对供应链的缩短：对于上游市场来说，兰亭集势绕过了中间层层的贸易环节直接对接制造商，大部分的产品都直接从工厂进货，这就在一定程度上节约了进货成本；对于下游市场来说，兰亭集势将有着低价优势的"中国制造"按照海外市场的定价标准进行标价，使产品直接送达 C 端消费者手中，这就在一定程度上获得了高毛利的优势。

目前，兰亭集势的供应商资源已经遍及全国各地，根据品类的不同，供应商的地域也不同，比如，服装品类多来自苏州。电子产品品类多来自深圳，小商品则以义乌为主要根据地。此外，兰亭集势为了深度挖掘珠江三角洲和长江三角洲两个地区的供应商资源，分别在深圳和苏州设置了分公司。

与此同时，兰亭集势建立了不同的合作模式以区别定制品和非定制品，既能够使生产效率得到保证也能够将库存风险最大化的降低，如此一来，较高的库存周转率就得以实现了。为了使得上游供应商快速响应其订单需求，兰亭集势专门对他们进行了改造，使他们在面对批量定制订单时能够及时迅速地做出应对。以服装定制为例，目前兰亭集势的用户可在两周之内完成下单到收货整个过程。

在电子商务领域，有一句话叫作"得物流者得天下"，深刻表述了物流配送的重要性，兰亭集势自然也将之作为建设的重点。目前，兰亭集势与全球四大快递公司都有合作，他们的产品也由 Fedex、UPS、DHL、TNT 销往世界各地。另外，为了缩短物流的配送时间，解决跨境电商最后一公里的难题，兰亭集势实行了海外建仓的模式。

总体来说，在全球范围内真正适合并且需要建立海外仓的地区比较集中。主要的国家不外乎美国、德国、英国、日本、俄罗斯、澳大利亚等，但是因为在德、英等国建仓所需成本过高，所以选择在波兰建立了面向欧洲的海外仓，而 2015 年年初，其北美海外仓也正式投入使用。相关数据显示，海外建仓可使物流成本得到有效降低。

3. 走多样化营销渠道，重复购买率逐季提升

在跨境电子商务领域，网络推广是必不可少的一个环节，它所起到的作用是很关键的。时下，网络推广有许多手段，比如，搜索引擎、电子邮件、资源合作、信息发布、病毒营销、快速网址、网络广告、论坛推广、博客营销、百科营销、软文营销、友情链接等。在这些方面，兰亭集势在搜索引擎优化方面做得尤为突出。

所谓搜索引擎优化，即 Search Engine Optimization，简称 SEO，是一种提高网站在有关搜索引擎内自然排名的方式，主要是通过搜索引擎的搜索规则来实现。兰亭集势在此基础上，独立开发出一种新算法对关键字组合进行发现并实施调整。另外，兰亭集势还积极与其他网站进行合作，并出让了比例颇高的销售提成，以期获得更多吸引访问的内容及工具。

随着信息技术的不断提高，社会化网络也获得了井喷式的发展，并成为企业营销的一大核心竞争力，而兰事就抓住这一机遇，将产品信息等都直接投放到了各大社交网站，如 Facebook、Twitter 等。这一举动使得兰亭集势可以与世界各地的用户进行更多、更快地互动，并从中获得市场第一手反馈资料，这样就可以以比较低的成本获得比较高的营销效率。

此外，兰亭集势为了进一步拉近与消费者之间的距离，于 2014 年收购了美国社交电商网站 Ador。

兰亭集势本身就拥有着产品优势，再加上多样化的营销渠道，使得其用户规模呈飞快地趋势增速，用户规模在 2014 年仅第四财季就达到了 230 万。虽说之前因为价格或产品的制约，重复购买力较低，但经过优化调整后的产品结构及用户体验的普及，重复购买率在近几年内得到了显著的提升。

自从传统互联网向移动互联网过渡以来，移动端逐渐成为大众获取信息的重要渠道，诸多电子商务企业都将营销策略的目光投之于此，跨境电商自然也不例外。兰亭集势同样十分重视移动端所能发挥的巨大作用，顺应时势地上线了两个 APP，分别命名为 Light in the box 与 Mini in the box，除此之外，还上线了两个新业务，即闪购业务（Sale Clock）和婚礼策划业务（In Time）。

根据近期的形势来看，兰亭集势上线的这些 APP 都发挥了其应有的水平，取得了不错的效果，为其提供了相当一部分的订单。

在全球电商都在争夺移动端这一大蛋糕的今天，兰亭集势也将继续侧重发挥移动社交领域的营销作用，并不断深度挖掘其潜力，使其规模达到一个新的台阶。而且，移动端有着物流成本低的巨大优势，还能与用户进行多频次的互动，对于兰亭集势未来的营销策略及长远发展来说，都起着积极的作用。

三、Deal extreme：低价策略 + 论坛营销

Deal extreme（DX）是国内第一家真正意义上的跨境 B2C 企业，其创始人陈灵建通过帮助 eBay 卖家做海外物流起家，可以说是最早从事外贸电商的企业。

DX 早在 2007 年就撤出 eBay 自立门户，借助深圳这个电子生产基地进军 3C 电子产品领域，陈灵建以自己独特的网络技术架构和全网营销意识迅速占据市场，其最新财年的销售规模已经达到 14 亿港元（约 11 亿元人民币），已成为名副其实的外贸 B2C 中的翘楚。

Dx 的销售布局十分广泛，主要分布在欧亚、南美等地，北美的市场份额略少，特别是在俄罗斯、巴西等新兴电子市场显示出巨大的潜力。Dx 以迅猛的发展势头成为跨境电商的龙头企业，究其原因，主要有以下两点。

（一）低价是 DX 始终坚持的突出优势

DX 认为低价才能形成规模，有了规模才能获得利润，DX 也一直在践行这一理念。在 DX 创建之初就设置了比价功能，以期做到全网最低价，同时对于 2 公斤以下的电子产品（国际小包）免运费，这样 DX 的 3C 产品单价基本上就是最低的。

虽然价格低廉，但是 DX 借助之前做海外物流积累的客户群形成了稳定的采购订单规模，以及深圳这一电子生产基地的先天优势，也获得了较高的毛利率。

DX 不寻求大规模的品类扩张，主要是以 3C 电子产品和配件为销售重心，即便是近年来增加了美妆、户外等新的品类，也是为了扩大用户规模。虽然 DX 的 SKU 远低于兰亭集势，但是品类的稳定却帮助 DX 获得了与供应商的稳定关系，更有利于拿到相对更低的价格。

（二）独具特色的"论坛营销"是 DX 的制胜法宝

DX 的网络营销手段十分省钱。举个例子，DX 的上游流量中有 9% 来自 Google，但是每月 Google 关键词预算投入平均不超过 1 000 美元。原因就是 DX 投放的关键词多是低于 1 美元的长尾关键词，这些长尾所带来的效益却是成 N 倍增长的。

DX 营销成功就在于其独具特色的"论坛营销"。所谓"论坛营销"就是借助论坛将产品信息或折扣信息发布出来，或通过自建论坛的形式汇集电子产品爱好者，这是一种用户黏度高而成本低的营销方式。运用论坛所积累的口碑来吸引新老客户，这种方式实现了超过 40% 的重复购买率。

四、环球易购：小平台如何能脱颖而出

环球易购和 DX 一样成立于 20( )7 年，是国内领先的出口跨境零售电商企业。主要采用买断式自营方式进行海外直销，推广中国制造。

环球易购的发展势头十分迅猛，建立了多类垂直 B2C 电商平台，如，服装类平台 sammy dress.com、3C 电子产品类平台 ever buying.com。环球易购的收入规模在 2013 年达到 4.66 亿元，同比增长 135%，且环球易购的销售正在持续增长，2014 年第一季度的销售增速达到 100% 以上。

环球易购面向海外市场，目前已经覆盖全球 200 多个国家和地区。就目前来看，欧洲和北美洲是最主要的销售市场，两者收入占总收入的 80%～90%。

环球易购拥有稳定的购买群体，这一群体大多是年轻人，他们对网络接触比较多，更容易接受新颖的购买方式。环球易购的注册用户累计超过 600 万，Sammy dress 的注册用户超过 260 万，Ever buying 的注册用户也有 120 万之多，而实际购买用户规模已经超过 200 万。2013 年达到 43% 的重复购买率也显示了环球易购良好的用户黏性，且月均客单价也在持续增长当中。

相较于兰亭集势和 DX，环球易购的知名度略小，但它却以不可阻挡之势成为颇具规模的跨境电商企业。其整个发展过程可以概括为速度迅猛且颇具潜力，未来的发展前景是极为广阔的。一个企业可以迅速成长、占领市场必然有其优势和特色，环球易购也不例外，下面我们就进行深入分析：

（一）拥有多个垂直品类销售平台，定位不同消费人群

环球易购设置了品类，如服装综合、婚纱礼服、复古服装、小语种、消费电子等专业品类，并通过自建平台的方式为这些品类分别建立了垂直品类电子商务体系，其中Sammy dress 与 Ever buying 是最核心的平台。通过精细的网站定位可以汇集不同类型的消费群体，从而实现环球易购的精准化营销。

同时环球易购还联合了 eBay、Amazon 等第三方平台进行线上 B2C 销售，在提高销售额的同时也扩大了用户覆盖范围。

（二）拥有丰富的 SKU，有利于规模扩张

环球易购的商品种类十分丰富，可以满足消费者的多种要求。

截至 2014 年第一季度，Sammy dress 拥有 SKU 15 万个，Ever buying 的 SKU 达到 12 万个，将两者重复的 SKU 结合起来，环球易购的 SKU 总数量已经达到 21 万，这些丰富的 SKU 使环球易购的规模得以迅速扩张。而 SKU 是否丰富充足是网站能否吸引消费者长时间浏览并最终购买的核心要素之一。

（三）充分利用数据挖掘，进行大数据分析与精准营销推广

环球易购的经营模式充分利用数据的作用，形成了独特的数据驱动型精准运营模式。借用 Facebook、Google 等平台获取数据，进行用户行为分析和消费者兴趣定位，从而实现广告投放效益的提高。

环球易购的流量既来源于自然搜索、邮件营销、引荐流量这样的免费途径。又来源于联盟广告、在线搜索这样的付费途径，然后通过火数据分析实现单位点击成本（CPC）的持续降低。同时为了实现营销精准度的提高，环球易购充分利用了 SNS 等新兴营销方式。环球易购用数据证明了精准营销能够带来良好的转化率，2014 年第一季度环球易购以 1.66% 的转化率跻身到外贸 B2C 企业的前列。

我们以环球易购的 3C 电子商品平台 ever buying.corn 为例，其日均访问量高达 10 万人次，从 2014 年 6 月的流量构成来看，直接访问流量占比高达 45%，紧随其后的是社交流量，所占比例已迅速提升到 23%，据统计 Facebook 是社交流量的最主要来源。这说明随着移动互联网的发展以及社交媒体功能的丰富，社交平台也成为跨境电商的重要阵地，他们对于 SNS 营销的重视程度提高到一个新的层次。

第四节　机遇与挑战：跨境电商发展模式存在的问题及对策

一、国外贸易保护主义对跨境电商的影响

随着产业信息化的跨境电商 2.0 时代的序幕拉开，网络渠道和营销推广的重要程度逐

渐降低，一些以前有所淡化的战略思想又提到新的高度，比如，多渠道运营、供应链柔性管理、国际化品牌战略、本土化运营策略等。

如今，跨境电商的发展新模式需要进行全方位、深层次的系统战略资源整合。以特步、奔腾电器等为代表的一些企业在跨境电商领域渐渐站稳脚跟，但是这离实现"从买遍全球到卖向世界"这一伟大目标还有很远的距离。传统企业、制造业、零售商的步伐亟须加快赶上跨境电商的末班车，促使中国品牌国际化与中国经济崛起的伟大目标变为现实。

市场的风向在变，旧有的发展模式与发展战略需要转型升级以应对这些变化，未来的跨境电商发展模式的新形势有何具体表现以及这些新形势又会给企业的发展带来什么样的影响？

目前的跨境电商都是以国内为根本、向外发展的模式。这种跨境领域所带来的物流滞后性与不稳定性造成了当地消费者购物体验差、售后服务得不到保障的局面，使得中国的跨境电商在于国外的本土企业竞争过程中处于一定劣势，跨境电商的发展进程受到一定程度上的限制。

跨境电商自产生以来就以迅速发展的态势持续增长，到了如今跨境电商似乎已经发展到了一个临界点——许多国家针对跨境电商对本国企业所带来的冲击，制定了一些保护本地企业限制跨境电商的政策。

跨境电商自产生以来就以迅速发展的态势持续增长，到了如今跨境电商似乎已经发展到了一个临界点——许多国家针对跨境电商对本国企带来的冲击，制定了一些保护本地企业限制跨境电商的政策。

比如，出口目的地国家提升监管与检测力度，从一开始的任其发展到了严格控制。尤其是目前的邮政小包监管力度更为加强，就拿国内的出口来说，海关第 33 号令取消了样品与广告品的税收特权，货物要先验货后才能让收货人接收；针对进口，第 43 号令将个人邮寄进境物品的征税起点从 500 元下调到 50 元；而 2016 年 3 月出台的跨境电子商务零售进口税收政策取消了消费 50 元以内免税的政策；有些国家还对在海外代购的转运公司进行限制，使其在业务规模上备受打击。2011 年 11 月初，英国将进口的起征点从原来的18 英镑调整到 15 英镑。

跨境电商受到的影响远不止这些，现有模式的跨境电商发展到一定的程度后会发生由量变引起的质变，引发一系列的行业与部门的变化，将会给出口目的地的国家下定更大的决心去遏制跨境电商的发展来保护当地的企业与经济，下面选择了几个现有模式发展所带来的严重问题来进行说明。

（一）逃避关税

小额外贸经常利用一些政策上的漏洞来逃避关税，这种量的累积也会给一些当地国家的海关部门收入造成较大的影响。以欧美、中国香港等为代表的低关税国家、自由港以及经济共同体，逃避关税对其影响相对较小，但是对非洲、中美洲为代表的主要依靠海关收入支撑财政的国家影响甚为严重，这就造成了跨境电商在不同的国家所遇到的待遇有明显的差别。

2014年3月，澳大利亚再次启动关于是否对跨境网购者征收最低20美元的货品服务税（GST），免税上限为1000美元的讨论。跨境网购者将要为自己的跨境网购多支付10%的费用。澳大利亚官方表示，对跨境网购的征税将会使各州享受到每年大约10亿美元以上的税收。从另一个角度来看，监管力度提升将消耗掉部分的税收。

根据印度海关的新条例，将会加强对查验低申报的监管力度；乌克兰的海关规定了凡是由寄件人支付运费的货物，在申报货值的基础上必须把运费金额在发票上明确标示出来，而且发票的总金额要包括运费在内，发货人发送价值类货物必须严格遵守7项规定，以防出现清关延误及罚款惩罚。

（二）逃避商检

小额外贸因为货物价值本身就比较低，导致他们时常逃避商检来降低成本。同时，由于一些国家在个人邮寄政策上，检验检疫方面通常没有传统外贸一般严格的进出口检验检疫环节，所以商品的质量难以得到保证。

这样，商品质量上存在的问题就容易放大到一些特殊的产品，比如食物、母婴产品、儿童玩具、宠物等，会引发消费者的担忧。所以，相关国家也必定会进一步管控跨境电商的发展，而这给从事跨境电商行业的从业者带来一定的风险。

（三）逃避非关税壁垒

考虑到一些国际规定以及国家自身经济发展的需要，关税壁垒已经逐渐消失，但是变相的非关税壁垒却层出不穷，各种许可证、质量认证花样百出、形式各异。而小额外贸经常钻一些政策的漏洞会使各国的行业政策产生变化，可能会进一步引发各国对宏观经济政策的调整，这样会给跨境电商企业造成重大的损失。

比如，2014年年初，阿根廷糟糕的汇率和通胀问题迫使政府出台了一系列政策，其中就包括网购管理，跨境电商网购将不再提供送货上门服务，所有货物统一由海关代收。"海淘"的免税额度调整到15美元，超出部分将征收50%的关税。

二、应对策略：实现品牌本地化运营模式

跨境电商背后有着贸易自由化的影子，海量的国际包裹通过各种渠道在全球范围内自由的传递，这种自由化的物品流通可能会打破国家之间的贸易地位与经济秩序的动态平衡，并进一步引发新的一轮世界各国市场份额的再分配。

一些经济不发达、跨进电商生长环境不够成熟的国家，必然会处于劣势地位；发达国家的品牌一直处于强势地位，跨境电商之壤十分肥沃，它们是自由贸易的坚决拥护者；中国作为一个制造大国，承担着世界工厂的使命，跨境电商能够顺利发展也必定会使中国在其中分到巨额红利；但是，对于俄罗斯、澳大利亚等国跨境电商行业的发展就不是那么乐观了。

俄罗斯不仅规定价值超过 7000 卢布的国际包裹（约合人民币 767 元）跨境电商缴纳的关税提高到 30%，而且对快递公司 DHL 与 UPS 的包裹数量进行严格控制，同一天的报关进口次数不得超过 5 次。这是自阿根廷限制跨境电商以来又一个国家出台的限令，意在维持本国零售业与国际同行业竞争者保持竞争优势的同时减少本国资金的流失。

而澳大利亚在出口面临困境的同时，进口跨境电商的规模却屡创新高。2007 年，其在线零售规模达到 270 多亿元，到了 2012 年总规模达到了将近 460 亿元，这个巨额数字中超过 75% 是进口跨境电商所带来的。本国的零售商不断地抱怨，加上经济的持续低迷，使得澳大利亚的政客们时刻绷紧着神经，渐渐地他们也开始着手限制跨境电商的发展。

（一）各个国家配合困难

要实现跨境电商的快速发展，必须依赖于产业价值链上的国家给予相关的政策与基础配套设施的支持，比如，强化国家的清关报关效率、包裹处理以及分拣能力等。时下，全球经济的不景气使得一些国家无心处理跨境电商相关事务，再加上资金匮乏使得一些有意发展跨境电商的国家也有心无力。

另外，限制跨境电商企业发展的一大壁垒在于各国在海关的质检、税收、监管等方面的标准存在着严重的差异性，均倾向于按照自己的贸易管理方式来进行管理。缺少国家层面上的积极配合。使得跨境电商很难在各种各样的限制条件下生存发展。即使有旺盛的市场需求，在夹缝中生长的跨境电商也难成大器。

国家对跨境电商所采取的不同态度将会对跨境电商的发展带来决定性的影响，而国家对跨境电商的态度是限制还是支持很大程度上取决于跨境电商对本国经济的影响。在这样的状况下，传统跨境电商的邮政小包之路注定要被国家加以限制，生存空间将会越变越窄。未来，跨境电商行业，亚马逊的 FBA、阿里速卖通的渠道整合、eBay 的物流整合，这些大咖之间的决战也将会在不久的将来愈演愈烈。

传统的跨境电商模式短时间内并不会消亡，一些从事跨境电商的商家，借助第三方交易平台以及各种网络推广与营销而获得一定的发展，也绝非不能实现。但对于有野心的创业者来说，需要注意的是，传统的跨境电商模式的生存空间将会被压缩得越来越小。甚至在未来几年将会彻底退出历史的舞台。

（二）应对策略：实现品牌本地化运营模式

跨境电商的中流砥柱还是一些实力雄厚的传统品牌企业与零售商们，要实现中国的国际化品牌战略亟须这些传统企业站到国际舞台上，运用自己多年积累的品牌优势与经营策略在跨境电商这个国际舞台上展示出大国企业的风采。当他们能够将精耕细作的品牌推向世界，也就味着中国的国际化品牌之路未来会更加顺畅。

以奔腾电器为代表的中国国际化品牌和跨境电商企业是中国在国际舞台上崭露头角的新生力量，奔腾电器从之前的代工商发展到如今的品牌商，所累积的品牌优势恰好可以利用跨境电商这场新浪潮扬帆远航走向国际化舞台。

为此，奔腾应该主动吸收优秀国际化电商的运营策略。首先，可以选择一个合适的第三方平台作为自己的线上阵地，同时结合官方平台运营策略，寻找到一些可以快速渗入的地区以实现品牌的本土化运营。

可以预见的是，未来几年将是传统企业布局跨境电商的关键时期。传统企业与零售商可以通过对电商企业的收购，加速实现自己的电商化进程，迅速抢占市场份额，逐步扩大自己的行业领导力与话语权。

因此，国内的淘品牌甚至一些在跨境电商领域占有绝对领先地位的领头羊都会有被收购的风险。凭借雄厚的资金支持，一些企业已经开始了收购的步伐，比如，环球易购被百园裤业纳入旗下，运动品牌安踏也放出了收购跨境电商的信号等，引领一批传统企业转型升级的新风暴。

一些实力强劲的传统企业应该放眼世界舞台，不要只局限于建设海外仓与本土化运营，更要善于运用资本的力量，积极运用收购、兼并等手段抢占海外市场。通过在海外与当地企业近身搏杀，控制国外的主流销售渠道并争夺媒体资源，做好公关之战进而吸引当地消费者。

三、外贸企业转型跨境电商的认知与思考

随着国内电子商务环境的不断成熟，商务部也开始就跨境电商开展了一系列的支持和促进工作，包括出台相关的政策以及明确增强电子商务平台服务外贸的功能等，从而有效促进跨境电商的发展，并将其作为我国进出口贸易新的增长点，进而促进国家进出口贸易的稳定增长、推动国内外贸的转型升级。

在这种利好的政策环境下，越来越多的传统外贸企业开始朝着跨境电商的方向转型。而且随着国内电子商务市场逐渐饱和，越来越多有实力和优秀的电商企业开始转战国际市场做起了跨境电商。

然而，跨境电商与一般电商在经营中存在很多的差异。因此这也就造成了很多电商企业在转型做跨境电商时容易陷入误区，那么对于跨境电商新手来说应该如何有效避免这些误区，做好跨境电商呢？

（一）跨境电商在不同市场上的产品定位

不管是传统企业还是一般电商企业，在转型做跨境电商的时候，首先应该解决的就是产品的定位问题，因为所谓的跨境电商简单来说将是将产品销往海外，但是相同的产品在不同的国家或者市场都会有不同的受众群体，因此要想迎合不同受众群体的爱好，就应该根据消费者的特定需求改变产品的包装以及概念，也就是解决好产品的定位问题。

以经济发展比较强盛的欧美市场为例，这也是外贸市场竞争的焦点，但是这并不是说所有的产品都适合输送至欧洲市场。有调查显示，在欧美市场上出现的进口产品保持持续增长的品类有服装、家具、食品、石材等，也就是说欧美国家进口的主要是生活类用品。

再细分到灯具这一种产品，应该将欧美市场作为竞争的主战场，并建立自己的竞争优势，比如，在德国以及美国，针对它们是重要汽车生产国的特点可以重点推销其 HID 和 LED 汽车光源，而在英国、法国等更富有人文气息以及浪漫气息的国家，装饰灯会有更广阔的市场。

因此，市场定位虽然看起来简单，但是需要经过细致调查以及研究才能明确更加精准、专业的定位。而准确的市场定位也是跨境电商发展的起点，可以帮助企业避免更多的弯路，实现更快的成长。

（二）跨境电商与一般电商的差异

跨境电商和传统外贸、一般电商三者在发展方式上存在很大的差异，传统外贸通常会遵循"先内后外"的经营过程，在熟悉的环境中站稳脚跟之后，再寻求对外发展，而跨境电商没有内外的概念。而且，与传统外贸、一般电商相比，跨境电商面临着更加复杂的市场环境，不同的国家拥有不同的文化背景，在不了解目标市场的文化环境的情况下很难将产品推销出去，因此这就需要有一个长期而系统的产品建设过程。

比如关键词，淘宝关键词已经在国内形成了一定的模式，因此很多商家在设置跨境关键词时，会首先想到将国内电商的关键词直接翻译过来使用，但是实际上这种方法是不正确的。虽然说同样是使用英语，但是不同的国家有不同的语言使用习惯，而且不同国家的文化也存在巨大的差异，那么商家应该怎样做好跨境电商的关键词呢？

商家首先要根据产品确定英文关键词，每一种产品的英文关键词都会有很多的叫法，商家应该找到不同地区对于产品关键词的习惯性叫法，其次根据关键词找出买家在搜索时会使用哪些相关的长尾关键词。

以阿里国际站为例，标准化是其未来的一种主要趋势，因此产品信息标准化、产品橱窗做顶层规划设计、以关键词为导向将成为覆盖行业关键词的三个方面。而且这也是提高产品发布评分的关键，评分越高，产品信息在搜索中就会越靠前，从而更容易引起消费者的注意。

关键词设置的差异只是其中一个，跨境电商虽然与一般电商都属于电子商务，但是在实际的操作与运营中双方存在巨大的差异，而且不同行业也同样面临着不同的情况，因此商家在做跨境电商的过程中应该注意多加探索，从而在探索中积累更多的经验，找到行业的突破点，进而成功跻身跨境电商行列。

四、跨境电商运营常见的误区

跨境电商运营常见的 4 个误区：

（一）误区一：并不是所有的产品都适合做跨境电商

跨境电商出口的产品都会凭借"中国制造"的优势，在国际市场上打开销路，比如标准化的电子产品及相关附配件、服装配饰等价格低廉的产品。这些产品都拥有一个共同的特点：生产基地大部分都分布在国内，在成本和利润上有更多的优势。

但是，要做跨境电商就需要解决好物流配送、清关障碍等问题，就物流方面来说，体积大、超重、易碎的产品不适合做跨境电商，因为需要付出更高的物流成本，对于众多利微的商家来说不划算。

（二）误区二：做跨境电商不知道该选择 B2B 还是 B2C

目前，B2B 和 B2C 是国内跨境电子商务两种主要的贸易模式。

在 B2B 模式下，企业主要是通过广告和信息发布的方式来开展产品宣传和营销，成交和通关流程在线下进行，这种发展模式从本质上来说还没有脱离传统贸易的影子，并且被划归到海关的一般贸易统计。

而在 B2C 模式下，企业会直接面对国外消费者，并且直接向国外消费者销售个人消费品，并通过航空小包、邮寄、快递等方式配送商品，其报关主体是邮政或快递公司，大多不会被海关登记入册。

以上这两种贸易模式都各有自己的优缺点，那么对于跨境电商新手来说应该怎样选择呢？理论上来说企业应该根据产品本身的性质以及销售状况来选择，但是对于跨境电商新手来说 B2C 模式更合适，当企业在国外具备一定的规模之后，就可以通过采用 B2B 模式来获得更大的效益。

（三）误区三：将互联网及电子商务视为产品营销的主战场

这也是很多跨境电商新手容易陷入的一个误区。敦煌网、阿里巴巴国家站等都只是一个贸易平台，商家可以在这个平台上发布产品信息以及广告，或者是达成交易，但是商家并不能将重心全部放在这个单一的平台上。

在国外的消费者看来，所有的跨境电商企业在最初并没有什么区别，如果商家只是将希望寄托在网络营销上的话，就容易受到限制，很难形成自己的竞争优势，并且很难在众多的同类产品中脱颖而出，因此跨境电商新手在依靠网络宣传产品的同时，还应该注重产品在线下的宣传，关注产品在线下的交易及通关流程，从而促进产品和企业的长远发展。

（四）误区四：并不是所有的商品都适合做海外仓储

在运营跨境电商时也经常会遇到配送时间长、无法实现物流信息的全程追踪以及清关障碍等物流难题，于是很多商家就将目光瞄准在海外仓储的建设上，但是并不是所有的商品都适合做海外仓储，这种仓储方式通常适用于一些价格高、体积大、易碎的商品以及在传统物流渠道中不能运送的商品。而且，海外仓储也存在很多的风险，海外仓储往往会面临一个"发出去容易回来难"的问题，商品在发出去之后要想再回来就属于进口，这就需要缴纳比较高的运费以及海关关税，有时候都会超过商品本身的价值，因此企业如果不能确定货物能否在国外基本售出或者是自身经济实力不足的话，最好不要考虑海外仓储。

不管是跨境电商新手还是在这个领域拥有多年经验的老手，都应该明白跨境电商理论和实际会存在很大的差距，在实际的运作过程中可能会遇到很多的问题和风险，但是始终有一点是不会改变的，就是要时刻站在客户的角度上来思考问题。并在此基础上，充分利用好各种跨境电商平台，相信即便是新手也能迅速在这一领域开辟出自己的一片天地。

第七章　跨境电商创新创业型人才培养的建议

第一节　跨境电商人才培养方案完善建议

一、设置吻合"一带一路"对人才需求的课程体系，培养跨境电子商务复合型人才

在人才教育培养的计划当中，我国的高职学校和大学应该充分了解"一带一路"的建设要求，掌握该地区的经济特性和产业优势。根据跨境间电子商务从业人员的岗位要求，设置国际经济与贸易理论与实践、电子商务的理论与运营管理、国际海洋货物运输管理、国际航空运输实务管理、电子商务、国际物流运输等主要专业课程；在有条件的学校，可以根据"一带一路"建立选择民族语言的课程；根据实际工作的需要，通过对岗位所需的知识和技术进行专攻，最后达到培养跨境电子商务综合人才的目的。

二、创建跨境电商跨企业培训中心，深化校企合作

我们要积极发挥各种角色的作用。在学校的跨境电子商务之间，企业培训中心属于学校和企业建设的生产实践基础，目的是加强企业的主体性。该中心促进生产和教育之间的合作，促进现代学徒系统和企业的新学徒系统，促进学校注册和企业招募的融合，为学校提供深化学校 - 企业合作的新方法。它可以在实行的过程中，提高企业对跨境电子商务产业的参与，尝试多种模式，为了让学校加入跨境电子商务协会，加强与地区阿里巴巴工作站的合作，建立跨境电子商务企业培训中心，研究运营机制、资本资源的来源及分发、组织结构及相关系统、人力设置等，促进校企合作。

三、增加国际化教学资源和建设资源

要实现国际化人才培养，就必须改变国内教育状况，从根本上改变当前国际贸易专业人才培养目标。可以适当地在高等学校增加跨越国境的电子商务专业的内容，结合电子商务英语、贸易往来，综合培养学生的能力。避免因能力不足而使学生不能加入跨境电商行

业。特别是在"一带一路"的脉络中，学生对周边国家的发展趋势要有更多的了解，更要理解国际化的贸易往来规则，提高自己各方面的能力和综合素质。

四、构建创新创业人才培养模式，促进学生就业

近年来，由于国家人口政策的调整，全国人口逐年增加，同时参加高考、进入大学的人数也在逐渐增加，导致部分学生毕业后就业压力巨大。许多学生在求职前都面临着写简历的问题。在撰写简历时，不能保证自己的实力能够满足跨境电商企业的需求，导致毕业后失业率上升，从而成为社会经济动荡的不利因素，阻碍社会的稳定发展。因此，创新创业人才培养模式的构建可以促进大学生就业，稳定社会经济，促进经济进一步发展。产生这种效果的主要途径是让人才接受创新创业型人才的培养模式。比如，在新模式下，学生在小组合作的过程中，可以潜移默化地提高团结协作、分析问题的能力，在遇到问题、解决问题的实际过程中，提高自身的实际水平和能力。当他们的能力和水平满足跨境电商企业的要求时，他们就能更好地就业，从而提高就业率，降低失业率，更好地保障社会经济稳定。此外，除了就业，学生还可以根据自己的实际情况，利用创新项目创业。在创业过程中，也可以利用新培养模式下所学知识和能力，使自己的生活得到保障。

第二节　跨境电商人才培养方向建议

一、人才培养多主体参与

政府、学校、社会三管齐下，互相对接。首先，跨境行业的特殊性决定了人才培养不是学校的"专利"，需要多主体参与，学校培养的主体也不局限于教师，也需要多主体参与。学术型教师的实践程度不高，科研为导向的高校氛围又会强化理论研究，依靠短期的社会参与与培训，远远无法达到社会对于学生的工作实践要求，而让学生在校期间过多直接的参与企业经营也脱离现实，这个时候就需要企业参与在校学生的培养。例如通过"企业进课堂""电商大讲堂"等形式，让企业人员切实参与到课堂授课和实训当中，尤其在复杂的跨境行业，需要连贯性的实践理论支持学习，仅靠学术型教师的理论是不够的。

其次是政府对社会扩大参与，人才培养遵循市场规律，但在行业发展之初，行业规范尚不完善的时期，政府及时的指导就尤为重要，除了有固定对象、固定项目的组织式培训，同时要鼓励多主体的参与，例如创业型培训，将实践也作为培训，为跨境行业的人才培育提供平台。例如目前全国没有一个正规的跨境培训平台，可由政府牵头、企业协助、高校参与，依托郑州跨境电子商务综合试验区完成，同时致力于再就业方向的指导。

二、人才扩展多对象扶持

跨境电商是一个新兴行业，也是一个迅速成长的行业，需要普及的过程，也需要创新的工作。郑州是全国特大城市，有着其他城市难以比拟的人口优势和发展优势，具备巨大潜力的市场和人才培养基础，为了充分利用这个优势，除了高校招生的扩大以外，社会培训的对象也应扩大范围，主要定位流程化培训和法规培训，从源头把好进入关，避免扰乱跨境市场的行为出现。郑州的人口基数大，跨境人才的来源可以多样化，从而拉动地区就业和促进地区贸易共识。再就业也是一个方向。

三、人才配合多行业互动

高校人才培养需要社会支持，社会人才培养需要政府支持，跨境电商综合试验区的发展需要社会支持。跨境电商建立跨行业支持系统势在必行，产业规模的扩大需要多行业从业人员进行协同。缺少了这种协同，跨境电商就难成规模，而协同的过程，也是跨境人才互动、领域互补、观念互置的过程，对于跨境专业人才的培育意义非凡。

跨境电商 2018 年尝试在河南省落户，郑州的经验在逐步推广，作为"不临海，不沿边"的内陆城市，跨境电商既是机遇，也是挑战，不断试错，不断创新，让跨境电商在内陆"开花"，郑州需要走好人才培养第一步。

参考文献

[1] 卢达华. 跨境电子商务发展影响因素研究 [D]. 深圳大学，2017.

[2] 夏倩鸣. 跨境电商产业链发展及对策研究 [D]. 浙江大学，2017.

[3] 欧伟强，钟晓燕. 我国外贸出口企业的跨境电商之路 [J]. 价格月刊，2015（12）：82-85.

[4] 俞柯白. 我国进口跨境电商现状、存在问题及相关建议 [D]. 上海交通大学，2015.

[5] 詹玉兰. 跨境电商人才核心岗位及技能需求分析与对策研究——基于高职国际贸易专业角度 [J]. 中国市场，2018（2）：148-149+168.

[6] 李海菊. 基于产教融合的跨境电商岗位群人才需求分析 [J]. 管理观察，2017（36）：38-40.

[7] 肖营. 基于跨境电商产业链的外贸电商人才培养路径研究 [J]. 广东经济，2018（6）：76-79.

[8] 丁晖等. 跨境电商多平台运营实战基础 [M]. 北京：电子工业出版社，2017：234.

[9] 荣兆梓. 政治经济学教程新编 [M]. 安徽：安徽人民出版社，2008：165-166.

[10] 杨怀珍，刘瑞环，李灿灿等. 产品价格受需求影响的上游段 VMI 供应链利益分配模型 [J]. 系统科学学报，2017（3）：107-111.

[11] 贾雨霏，舒晓惠，徐艳. 湖南省地方本科高校国贸专业电商课程教学改革研究——基于跨境电商发展背景 [J]. 知识经济，2018（24）：129-130.

[12] 王小简. 基于跨境电商的高职商务英语课程建设存在的问题及对策 [J]. 沙洲职业工学院学报，2018，21（2）：49-51，55.

[13] 高浩，娄自强. 跨境电商人才培养存在的问题与对策研究——以青岛市为例 [J]. 现代商业，2018（13）：56-57.

[14] 陈浩东. 跨境电商与跨境物流复合型人才教学改革培养模式研究 [J]. 物流工程与管理，2018，40（12）：136-137.

[15] 宋清涛. 面向跨境电商行业的应用型本科商务英语专业实践教学模式 [J]. 西部素质教育，2018，4（23）：174，212.

[16] 赵莉. 跨境电商背景下应用型高校商务英语专业实践教学改革探索 [J]. 活力，2018（24）：192-193.

[17] 江媛媛. 基于跨境电商发展环境下物流服务多元化运营模式的研究 [J]. 物流工程

与管理，2019，41（05）.

[18] 褚嘉菁.湖北省跨境电商的现状与机遇研究 [J].经贸实践，2018（01）.

[19] 徐婧.中小企业跨境电商运营存在的问题及其对策研究 [J].经济研究导刊，2017（26）.

[20] 王姝怡.跨境电商背景下国际贸易专业人才培养模式研究 [J].吉林省教育学院学报，2018（12）：38-41.

[21] 陈长英.浙江省跨境电商人才需求分析及培养路径研究 [J].中国商论，2015（2）：184-187.

[22] 吕宏晶.跨境电商实训课程开发与建设研究 [J].辽宁经济管理干部学院学报，2016（1）：96-98.

[23] 关浩杰.基于双创能力培养的跨境电商课程教学改革研究 [J].市场周刊（理论研究），2017（4）：153-154.

[24] 朱超才."互联网＋"背景下跨境电商人才培养策略 [J].通化师范学院学报，2016（2）：97-99.

[25] 刘娟.高校国际贸易专业实验教学考核模式改革初探 [J].黑龙江教育（高教研究与评估），2014（6）：21-22.

[26] 汪艳."一带一路"背景下广东高职跨境电商人才培养模式创新探讨 [J].湖北开放职业学院学报，2019（8）：20-21.